# 결국 해내는
## 사람들의 비밀

**결국 해내는 사람들의 비밀**

**초판 1쇄** 2022년 07월 28일
**지은이** 김규리 | **펴낸이** 송영화 | **펴낸곳** 굿위즈덤 | **총괄** 임종익
**등록** 제 2020-000123호 | **주소** 서울시 마포구 양화로 133 서교타워 711호
**전화** 02) 322-7803 | **팩스** 02) 6007-1845 | **이메일** gwbooks@hanmail.net

© 김규리, 굿위즈덤 2022, *Printed in Korea.*
**ISBN** 979-11-92259-34-5 03190 | 값 15,000원

※ **굿위즈덤**은 당신의 상상이 현실이 되도록 돕습니다.

# 결국 해내는
# 사람들의 비밀

# The
# secrets

김규리 지음

굿위즈덤

# 프롤로그

　나는 나를 온전히 사랑하는 일이 어려웠다. 다른 사람이 해주는 칭찬에 기인하여 스스로의 가치를 가늠하곤 했다. 한마디로 자존감이 낮은 사람이었다. 쉽게 우울해지지 않고, 강인한 마음으로 살 수 있는 방법을 자주 고민했다. 포털 사이트나 유튜브에 '자존감 올리는 법'을 검색해보는 날들이 많았다. 그렇게 우울함과 열등감에 발버둥치며 알게 된 것이 있다. 나랑 같은 키워드의 고민이 높은 조회수를 기록한다는 것이었다. 생각보다 많은 사람들이 나와 같은 고민을 한다는 것을 알았다.

　자존감이 낮으면 어떤 점이 힘든지 너무 잘 알고 있다. 작은 일에 마음이 쉽게 요동쳤다. 다른 사람들의 눈치를 보느냐 내 감정을 숨겨야 했다. 좋은 사람으로 보이고 싶어서 내 마음이 원치 않는 것들까지 감내했다. 그렇게 나보다 다른 사람들을 신경 쓰는 것에 에너지를 많이 허비하는 것이 속상했다. 내가 나 자신을 힘들게 만드는 생각 패턴에서 벗어나는 것이 긴 시간 어렵게 느껴졌다.

그랬던 내가 어떠한 자극에도 쉽게 동요되지 않는 마음의 코어가 생기기 시작했다. 무슨 일을 겪든 금세 의연해졌고 목표에만 집중하는 힘이 생겼다. 어느새 자존감을 높여야 한다는 숙제로부터 자유로워져 있었다. 이전 같으면 내 마음이 위축되었을 일이 생겨도 아무렇지 않을뿐더러 오히려 고맙게 느껴질 정도로 나의 사고 체계가 완전히 바뀐 것을 경험했다.

무엇보다 꿈의 한계가 없어졌다. 스스로 더 높은 수준의 꿈을 설정하고, 매일매일이 그 꿈을 이루기 위한 과정이라고 생각하니 하루하루가 더 귀하게 느껴졌다. 이렇게 나에 대한 확신이 생긴 뒤로 낮은 자존감으로 인해 괴로웠던 마음들이 빠르게 긍정적으로 변화되기 시작했다.

어떻게 오랜 시간 해결되지 않던 감정의 숙제가 단시간 내에 해결될 수 있었을까? 나는 결국 내 꿈을 이뤄낼 사람이라는 강렬한 믿음이 생겼기 때문이라고 생각한다. 지금은 이미 이루어진 기분으로 살아간다. 그러면서 표정도 많이 밝아졌다. 일상이 훨씬 더 유쾌해지고 즐거워졌다. 이렇게 잠재의식을 바꾸고, 꿈의 크기를 키우고나서부터는 성취하는 힘이 빠르게 커져가는 것을 느꼈다. 사업의 성과가 오르고 모든 방면에서 내 성장의 속도가 빨라짐을 체감했다.

이 책은 목표에 집중하며 생산성 높은 삶을 살게 만드는 생각 패턴과 마음의 코어를 잡는 방법을 소개하고 있다. 과거에 나 같은 마음으로 괴로워하며, 더 크게 성장하고 싶지만 어디서부터 어떻게 바꿔야 할지 모르는 사람들을 위해 내가 깨달은 노하우를 공유해주고 싶었다. 내가 이만큼 변화했으면 당신은 더 빠르게 당신이 원하는 삶을 이루며 살아갈 수 있다고 나와 같은 고민으로 힘들어하고 있을 사람들에게 내 마음이 잘 전달되기를 바라며 썼다.

결국 우리는 무엇이든 마음먹은 대로 해낼 수 있는 사람이라는 걸 말하고 싶다. 크게 성공한 사람들만이 해내는 사람이 아니다. 내가 바꾸고자 하는 것을 바꿀 수 있는 결단, 내가 가고자 하는 방향으로 걷기 시작하는 것만으로도 우린 이미 해낸 것이다. 꿈이라고 부를 수도 있고, 사명이라고 부를 수도 있는 내가 바라는 내 모습의 끝점은 이미 준비되어 있다. 그 끝에서 만나는 우리를 기대한다.


마지막으로 감사의 인사를 전하고 싶다. 먼저 이 책이 세상 빛을 빠르게 볼 수 있도록 사명감으로 도와주신 〈한국책쓰기강사양성협회〉 김태광 대표님, 나의 경험과 깨달음을 세상에 전달하는 메신저로 살아갈 용기를 주신 〈위닝북스〉 권동희 대표님께 감사드린다. 두 분은 내게 가까이에서 자수성가 부부의 롤모델이 되어주셨다. 그리고 '나'라는 단 하나의 존재로 살아갈 수 있게 해주신 부모님께 감사드린다. 사랑 듬뿍 담긴 음식으로 키워주신 요리사 출신 우리 아빠, 나를 매번 '엄마 보다 나은 딸'이라고 다른 사람들에게 소개하는 엄마. 아빠의 따뜻한 요리와 언제나 나를 믿어주는 엄마의 말이 나를 더 강해질 수밖에 없게 만들어줬다. 감사드린다. 말 못하는 아가 때부터 가장 긴 시간 친구였던 자랑스러운 내 동생에게 고맙다.

내가 불안했던 시기마다 각자의 색깔대로 히어로가 되어준 나의 소중한 사람들 덕분에 내 삶이 지탱되었다. '나 말하는 건가?'라고 생각된다면 맞다! 항상 감사한 마음이다. (주)카리스가 내 모든 꿈을 펼치는 기반이 되도록 만들어주신 박우섭 대표님과 처음부터 지금까지 나를 믿고 크게 지지해주시는 백수환 상무님께 감사드린다. 그리고 나를 리더로 만나 지금까지 믿고 함께 성장해준 내 팀들에게 많이 감사하다.

끝으로 이 책을 통해 인연이 된 독자들에게 감사하다. 이 책을 통해 당신의 무한한 잠재력을 깨워줄 '결국 해내는 비밀'을 알게 되길 바란다!

# 목 차

- 2장 -

나만이
**나를 무너뜨릴 수**
있다

- 5장 -

그럼에도 불구하고
**당신은 결국 해내는**
사람입니다

The secrets of the people

- 1장 -

가끔씩은
그래도
**괜찮습니다**

# 내가
# 마음에 들지
# 않는 날들

자기 자신이 매일매일 예뻐 죽겠는가? 그런 사람이 몇이나 있을까? 나는 욕심이 많은 사람이다. 그런 만큼 스스로가 못마땅하게 느껴지는 순간이 있다. 내 삶이 언제나 흠 없이 온전했으면 좋겠다. 다른 사람에게 도움을 주고 싶지 불편을 주고 싶진 않다. 그리고 내가 하는 일에서 두각을 나타내고 싶고, 갖고 싶은 것은 결국엔 갖는 내가 되길 바란다. 그렇게 나의 성장에 집중할수록 나에겐 바라는 것이 많아졌다. 그러나 그런 내 모습과 현실과의 괴리를 줄여나가는 과정에서 때론 어리숙하고, 실수하는 나를 만나기도 한다.

중요한 미팅이 있는 날 늦잠을 잤다. 급하게 준비해서 나갔다. 이미 주행 중인데, 휴대전화를 집에 두고 출발한 것을 알게 되었다. 결국, 차를 돌려 휴대전화를 가지러 집에 다시 갔다 나온다. 급한 마음으로 운전하느라 늘 다니던 길의 단속 카메라를 인지하지 못하고 과속하고야 만다. 속도위반 딱지 당첨이다. 하루를 이처럼 보낸 날은 늦잠을 자고, 덜렁거린 나를 용서하기 힘들다.

'피곤했으니 그럴 수 있다.', '고속도로를 타기 전에 휴대전화를 두고 온 걸 알아차렸으니 다행이다.', '딱지를 끊은 데 그치고 사고는 안 났으니 다행이지.', '미팅에 안 늦고 잘하면 되지.'라고 생각하지만 속은 부글부글 끓는다. 그렇게 긍정 회로를 억지로 돌려가며 나를 진정시킨다.

부모님이나 연인에게 사랑스럽고 멋진 모습만 보이고 싶지만, 때론 순간의 감정이나 판단에 따라 현명하게 대하지 못할 때가 있다. 평소 같으면 웃으면서 넘어갈 일도 내가 피곤하다는 이유로 신경질적인 대답이 앞설 때가 있다. 이미 말을 내뱉고 나서야 아차 한다. 더 다정하게 대답할 수 있었는데도 성의 없이 대답해서 상대방을 서운하게 만든 나 자신이 못마땅하다. 이렇듯 사소한 일상에서 나 자신에게 실망하는 날들이 있다. 늘 내 실수만 커 보인다. 다른 사람들의 허물에는 관심이 없다 보니 나의 허물만 유독 크게 느껴진다.

나는 고3 때, 매달 보던 모의고사보다 수능 때 가장 높은 성적을 받았었다. 뒤늦게 공부의 맛을 알게 된 게 아쉬워서 재수를 선택했다. 한 번 더 시험을 보면 더 높은 성적을 낼 수 있을 것 같은 기대감에서 나온 판단이었다. 하지만 재수를 해서 두 번째 본 수능 때는 이전보다 더 낮은 점수를 받았다. 원하는 대학에 진학할 수 없었다.

이때처럼 오랫동안 정진했음에도 목표를 성취하지 못했을 때는 내가 만들어 낸 결과물을 보며 쓰디쓴 패배감을 인정해야 했다. 그런 패배감이 나를 공격하고 괴롭혔다. 성인이 된 지금은 업무에서 원하는 성과를 내지 못했을 때 유독 받아들이기 힘들다.

나는 나의 작은 허물에 크게 반응한다. 그리고 내가 부족하다고 느끼는 부분을 마치 돋보기를 대고 들여다보듯이 확대해서 생각하던 때가 있었다. 반면 다른 사람의 재능은 크게 보인다. 정작 나의 재능은 제대로 바라볼 줄 몰랐다. '왜 나는 이것밖에 못 할까.', '왜 나는 이것밖에 안 될까.' 나는 나를 작아지게 만드는 생각에만 집중했다. 그렇게 타인과 나를 비교하며 내가 가진 재능을 폄하했다. 어깨를 펼 새도 없이 주눅만 들었다.

나는 영어도 원활하게 구사하지 못한다. 당연히 제2 외국어도 잘하는 것이 없다. 게다가 어릴 때부터 발레, 미술 등 예체능을 접했지만 꾸준하게 배워서 마스터한 것이 없다. 그러다 보니 외국어나 어느 한 분야에 집중해서 자기 것으로 만든 사람들을 만나면 많이 부러웠다. 나는 중도에 포기해서 갖지 못한 능력을 저 친구는 긴 시간 노력해서 자기 것으로 만들었구나. 그런 생각에 그 사람이 가진 능력뿐만 아니라 끝까지 파고든 끈기까지도 부러워하는 마음이 생겼다.

남과 나를 비교하면서 내가 갖지 못한 것, 그리고 내가 보내온 시간을 후회할 때 마음이 가장 힘들었다. 나는 왜 남을 부러워하고 칭찬하면서 그들에게 잘되라는 주파수를 보내주고 있었을까? 반면 나에게는 안 되라는 주파수를 셀프로 쏘고 있었을까? 분명 남보다 나 자신을 훨씬 사랑하는데 말이다.

타인과 비교하면서 나를 위축시키면 앞으로 나아가지 못하게 된다. 심하면 무기력으로까지 이어진다. 이미 내가 충분히 가지고 있는 능력마저 펼치지 못하게 되는 것이다. 아무도 나를 패배자로 만들지 않았는데 내가 나를 패배자로 만드는 것이다. 그래서 나는 나를 변화시키고 싶었다. 나를 사랑하는 방식이 잘못되었음을 알아차렸기 때문이다.

생각하는 방식도 버릇이 된다. 내가 다른 사람의 장점에 집중하고 그것을 부러워만 하면서 나를 부족한 사람으로 바라보는 관점에서 끝내면 안 된다. 그것을 알아차린 나는 다른 사람의 장점을 내 것으로 만들겠다는 각오를 가지기 시작했다. 그 후로는 그 사람의 장점이 질투의 감정이 아니라 진심으로 사랑스럽게 느껴지기 시작했다. 나 역시도 스펀지처럼 그들의 장점을 흡수할 것이라 기대하게 된다. 즉, '갖지 않음'에 집중하는 것이 아니라 '가질 예정'에 집중하게 된다. 이렇게 생각하는 훈련은 오래 지 않아 완전히 내 생각 방식을 바꾸어놓았다.

부모님들은 자식을 사랑하는 만큼 잘되길 바라는 마음에 훈계하고 나무란다. 그런 것처럼 나는 나를 사랑하는 만큼 스스로를 질책해왔다. 돌이켜보니 자연스러운 마음이었다. 나를 가장 사랑하는 사람은 부모님보다 나 자신이 아닐까? 그러던 어느 날 깨달았다. 정말로 사랑한다면 나 자신이 지금 당장 어떠한 모습일지라도 좀 더 따뜻한 시선으로 너그럽게 품어주어야 한다는 것을. 끝까지 믿어주고 격려해줘야 한다는 것을.

나의 지금 모습을 객관적으로 바라보자. 잘난 것도, 못난 것도 그 자체로 소중한 나다. 외모가 마음에 안 드는 구석이 있고, 더 잘하고 싶지만 아직은 역량도 부족하다. 이래도 저래도 단 하나밖에 없는 나를 오롯이 키우며 살아갈 내 인생의 총책임자는 나 자신이다.

실수하고, 부족해서 내가 마음에 들지 않을 때조차 일부러 더 거울을 보고 웃을 수 있어야 한다. 나에게 힘을 실어줘야 한다. 매일 사랑하는 마음으로 나에게 말을 걸어줘야 한다. 내 생각에 내 모든 세포가 반응한다. 비록 늦잠을 자 일을 그르칠지라도, 말실수로 이불 킥을 하고 싶은 밤에도 진짜 내 편은 내가 되어야 한다.

나를 사랑하지만, 사랑하는 방식이 모질어서 스스로 힘들어하는 사람

들과 같이 듣고 싶은 노래가 있다. 이상은의 〈비밀의 화원〉이다. 이 노래
를 처음 들었을 때 '아, 나만 이렇게 실수하며 괴로워하는 게 아니구나.'
라고 깨달았다. 그만큼 가사가 예쁜 노래다.

　어제의 일들은 잊어 / 누구나 조금씩은 틀려 /완벽한 사람은 없어
　실수투성이고 / 외로운 나를 봐 / 〈중략〉 / 하루하루 조금씩 나아질 거
야
　그대가 지켜보니 / 힘을 내야지 / 행복해져야지 / 뒤뜰에 핀 꽃들처럼

　나에 대한 기대치가 큰 사람일수록 내가 마음에 들지 않을 때 무너지
기 쉽다. 완벽한 사람은 없다. 완벽한 나를 기대하며 이미 지나간 일을
괴로워할 필요가 없다. 지금부터 잘하면 된다. 지금부터 나를 사랑하는
방식을 바꿔보자. 나를 향한 질책을 멈추자. 그리고 나를 따뜻하게 안아
주고 뜨겁게 응원하자.

# 이성보다
# 감정이 앞서는
# 날들

나는 유난히 감정에 힘을 실어주며 살아오다 보니 대부분의 상황을 감정에 치우쳐 판단하고, 시간을 보내며 살아왔다. 내가 그렇게 살다 보니 다른 사람들도 다 비슷하게 살아가리라 생각을 했다. 하지만 학교 다닐 때는 몰랐지만 사회생활을 하면서 느낀 건 대체로 일에 있어서는 감정 배제하고 생각하고 말하는 사람들이 있다는 것을 알았다.

내가 감정에 많이 치우친 사람인 것을 깨닫게 했던 것이 싸이월드였다. 싸이월드의 일기장을 보면 내 감정을 고스란히 적어 올린 흔적들이 많다. 그렇게 다른 사람들이 공개적으로 보는 일기에 내 감정을 드러낼 만큼 나는 내 감정이 중요했던 사람인 것이다. 지금 생각해보면 조금 부끄럽지만, 그때의 나는 그것이 내 감정을 해소하는 하나의 방법이었을 것이다. 그렇게 감정을 해소하고, 소화시켜야 하는 순간은 살아가며 매번 맞닥뜨릴 수밖에 없다.

언젠가부터 어떠한 일이든 이성적으로 판단하고 행동하는 사람들이 부럽게 느껴졌다. 그들은 똑같은 상황에 놓여도 감정에 동요 없어 보이고, 묵묵하고 일관성이 있었다. 그리고 그들은 감정에 빠져 시간을 허비하지 않고 그 시간을 활용해 더 생산성 높은 삶을 살았다. 어떻게 하면 이성적으로 상황을 판단하고 감정에 연연하지 않고 살 수 있을까. 그러기 위해 감정을 컨트롤하는 방법에 대해서 깊이 생각하게 되었다.

먼저, 감정을 인지한다. 이 감정이 일어나는 게 당연한지 아니면 내가 과민 반응하는 것인지 판단하는 데에 시간을 쓴다. 내 감정에 빠져서 상대방을 오해하고 있는 것은 아닌지 생각해본다. 내가 느끼는 감정이 타당하다고 판단되면 어떻게 이 마음을 전달해야 상대방 기분도 상하지 않고, 다시는 감정 상할 일이 반복되지 않을 수 있을까 고민한다. 그래서 나는 어떠한 감정이 든다고 그 감정을 바로 말하는 편이 아니다.

감정을 통해 내 감정을 있는 그대로 전달하는 것이 상대방에게 상처가 될 수 있을뿐더러 내가 원하는 것을 얻는 효과적인 방법이 아닌 것을 우리는 안다. 왜냐. 어렸을 때 화가 났다는 이유로 자신이 화난 것이 당연하다는 듯이 주변 생각하지 않고 화를 내는 어른을 한 번은 봤을 것이다. 그렇게 화낸다고 상황이 더 나아질 거 같으면 백 번 화를 내도 된다. 하지만 화를 내도 상황은 바뀌지 않고 더 악화되거나 또 다른 문제를 낳을 뿐이다.

감정은 우리를 사랑하게 하고, 이해하게 하고, 관계를 더 깊어지게 하는 소중한 기능이다. 이성만으로 살아가면 그건 AI랑 별반 다를 것이 없다. 그래서 감정은 우리에게 더 풍성한 인생을 살아가게 만든다. 하지만 감정을 다루는 법은 꼭 터득해야 한다. 이 감정을 약으로 쓸지, 독으로 쓸지는 내게 달려 있다. 그리고 이 감정을 통해 더 성숙한 사람이 되어갈지, 감정을 조절하지 못해서 어린아이의 모습으로 살아갈지가 달려 있다.

그래서 감정을 잘 처리할 줄 아는 사람이 더 프로페셔널하게 자신이 원하는 결과를 만들 수 있다. 감정이라는 건 힘이 세서, 우리의 이성을 마비시키기도 한다. 하지만 이성적으로 생각하는 훈련을 반복적으로 하면 이 힘도 만만치 않게 강해져서 감정이 이성을 마비시키려고 하는 것을 가만히 두지 않는다.

그렇다면 어떻게 하면 이성의 힘을 기르고, 감정을 효과적으로 처리할 수 있을까? 내 목표가 있어야 한다. 목표가 강력하면 이성을 마비시킬 만큼 강력한 감정이 올라올 때에도 이 감정을 드림 킬러라고 바로 판단할 수 있게 된다. 지금의 이 감정에 내가 좌지우지되는 건 내 목표를 이루는 데 아무런 도움이 되지 않는다는 것을 빠르게 인식하는 것이다. 그러면 내 목표를 이루는 것에 집중하기 위한 'To Do List'가 나를 기다리고 있기 때문에 빠르게 감정을 떨쳐내고 할 일에 집중할 수 있다.

유럽에서 요식업 프랜차이즈 사업으로 대성공을 이룬 켈리 최 회장님은 드림 킬러 같은 감정이 내 머릿속에 들어오기 시작하면 고개를 좌우로 흔든다고 했다. 그렇게 액션을 취함으로써 부정적인 생각이 나에게 자리 잡지 못하게 적극적으로 막는다고 했다. 이렇듯 성공한 사람들은 감정을 다루는 법을 알고 있다.

그렇다면 뚜렷한 목표가 설정되지 않은 사람들은 감정을 어떻게 처리해야 할까? 나는 모든 감정을 있는 그대로 바라봐주는 편을 선택했다. 내가 주인공인 영화 속에서 살아간다고 하면, 잠시 주인공 역할을 내려놓고 감독의 입장으로 바꿔보는 것이다. 그러면 상황을 전체적으로 내려다볼 수 있고, 더 넓은 반경으로 생각할 수 있다. 그리고 내 감정에 대해서 객관적으로 보는 연습을 하는 것이다.

사람 마음이 정말 간사하게, 가슴이 미어지게 슬프고 화가 나는 일을 겪다가도 행복과 감사가 반복되면 힘들었던 기억은 어렴풋해진다. 물론 다시 떠올리면 분노가 일어나는 큰 사건도 있지만, 대체로 행복이 불행했던 시절의 감정을 덮어준다. 그러니 이왕 감정의 지분이 크게 살아가야 하는 숙명이라면, 행복과 감사의 마음이 자주 떠올라서 힘들었던 마음이 고개를 들지 못하도록 자꾸 쌓아 덮어주는 것이다.

나는 감정에 지배되어 오랜 세월을 보내본 사람으로서 고성과자의 삶을 살아갈 때에는 감정이 시간과 에너지를 잡아먹는 것이 분명하다고 생각한다. 특히나 연애 감정에 치우쳐 내 할 일이 뒤로 밀리는 날들도 많았다. 사랑은 인생에서 분명 중요하지만 사랑할 때 하고, 해야 할 일을 할 땐 해야 할 일에 집중해야 하는데 그 감정 관리가 잘 되지 않았다.

나는 나로서 오롯이 살아갈 수 있을 때 하는 연애가 가장 건강한 연애라고 생각한다. 나의 시간과 감정이 흔들려가면서 하는 연애는 뜨거운 감정은 들 수 있지만 장기적으로 봐서는 누군가 한 명은 꼭 지치게 되어 있다. 그래서 남자도, 여자도 연인 없이 내 삶이 만족스러울 때 만나서 하는 연애가 가장 이상적이라는 말이 있다. 외로워서 만나는 관계는 연애를 하면서도 더 외로운 감정을 증폭시킨다. 혼자일 때 외로운 것과 둘인데도 외로운 것은 차원이 다르다.

그러니 내가 원하는 목표가 있는데 연애 감정에 휘둘려서 내 목표를 이루는 데에 방해가 된다면 냉정하게 생각해보길 바란다. 이 관계가 건강한 관계인지 아니면 내가 힘들어지는 관계인지 말이다. 그래서 연애 감정에 치우친 날들이 길어지지 않길 바란다. 서로의 할 일을 응원하면서도 충분히 사랑을 나눌 수 있는 그런 사람이 당신에게도 분명 있을 것이다.

하지만 감정이 꼭 나쁜 것만은 아니다. 감정을 활용해 다른 사람의 마음을 잘 공감해줄 수 있고, 다른 사람의 감성을 터치하는 마케팅 능력을 가질 수도 있다. 이미 이성이 크게 발달하고 감정 기능이 거의 없는 사람들은 그 나름대로의 고충이 있다는 것을 알았다. 상대방이 자신의 감정에 대해서 이야기하면, 공감은 당연히 못 할 뿐 아니라 해결책을 제시해주고 싶다고 한다. 그리고 그런 감정에 휘둘리는 상대방이 바보처럼 느껴져서 자꾸 그러지 말라고 냉정한 조언이 하고 싶다고 한다. 그런 것이 명쾌하고, 실용적인 해결책이 될 수는 있지만 감정적으로 힘든 사람에게는 단순히 위로가 필요했던 것인데 적절한 커뮤니케이션이 되지 못할 수도 있다.

어려서부터 감정 기능이 발달했던 나는 다른 사람들의 마음을 잘 헤아리는 공감 능력을 선물 받았다. 그리고 내 감정대로 말하거나 행동하지 않을 노력을 미션으로 받았다. 하나를 얻으면 하나를 잃는 것은 당연하다. 나는 선천적으로 냉정한 사람이 될 수는 없지만, 상황에 따라서 이성적으로 상황을 판단할 수 있는 노련미를 키워가고 있다. 이렇게 이성과 감정의 밸런스를 잘 이루고 살아갈 때 정말 인간미 있는 지혜로운 사람이 될 수 있지 않을까?

그러니 많은 날 감정에 치우쳐 힘든 시간을 보냈던 감정 동지들이여, 너무 괴로워하지 말자. 우리는 적절한 중간 값을 찾아서 분명 성숙하고 프로페셔널한 결국 해내는 사람이 될 것이다.

# 정말
# 아무것도 하기
# 싫은 날

하루를 시작하고 싶지 않아서 아침에 뜬 눈을 다시 감아버리고 일부러 잠을 더 청한 적이 있다. 누구도 만나고 싶지 않고, 어떠한 의욕도 생기지 않았다. 물먹은 솜처럼 몸이 무겁고, 침대에서 벗어나고 싶지 않았다. 이렇게 짙은 무기력으로 보낸 적이 있었다.

무기력에 빠진 나를 보며 정신력이 나약하다고 생각했다. 더 의욕적으로, 더 생산적으로 살아야 하는데 그러지 못하는 자신을 보며 나를 못난 사람이라 생각했다. 그렇게 생각하면 할수록 내가 더 마음에 들지 않아서 속상했다. 그렇게 내가 미운 나날을 보내니 주변 사람들과 관계도 나빠졌다. 신경질적으로 변했고, 웃을 때에도 진심으로 행복한 웃음이 아니라 마음 한구석에 울적한 기분이 늘 따라다녔다.

삶의 위기 신호가 켜진 것 같았다. 이렇게 계속 무기력한 날들이 길어지면 정말 쓸모없는 사람이 될 것만 같았다. 나는 분명 욕심 있는 사람인데 정신력의 문제인지 체력의 문제인지 활력 있게 움직여지지가 않았다. 일을 하면서도 열정보다는 습관으로 임하고 있었다. 이런 내 자신을 발견하고 나니 하루 빨리 무기력의 뿌리를 찾는 것이 시급했다.

그 뿌리는 내 욕심에 비해 내 현재 모습이 한없이 못 미친다고 생각했기 때문이었다. 또한 노력하는 것에 비해 성과가 드러나지 않는 날이 반복되면서 의욕이 꺾이기 시작했다. 결국 나와 상황을 객관적으로 파악하지 않은 채 단기간에 큰 목표를 잡고 반복적으로 목표에 도달하지 못하는 나를 나무랐던 것이다. 계속되는 실패에 패배감이 생겼던 것이다.

반복되는 실패로 내 미래가 어둡게 보이고, 나 스스로에 대한 확신도 떨어지기 시작한다. 뭔가를 해야 한다는 압박은 있지만 그 압박이 무거워서 더 무기력한 상태로 머물며 현실을 외면한다. 아무 생각 없이 볼 수 있는 유튜브 영상이나 넷플릭스만 주구장창 보며 시간을 보내버린다. 그 순간만큼은 내 자신이 무기력하다는 것조차 잊을 수 있다.

반대로 자기 확신이 있는 사람은 의욕적이고, 도전적이다. 그리고 자기를 사랑하는 마음이 있다면 내 시간을 어떻게 하면 더 효율적으로 쓸 수 있을까 고민하며 나를 발전시키기 위해 노력한다. 하지만 반대로 나에 대한 확신이 떨어지면 시간을 물 흘러가듯 써버리며 생활하게 된다.

그렇다면 자기 확신이 있다면 무기력이란 없는 것일까? '번 아웃'이라는 단어가 사회적으로 많이 사용되고 있다. 열심히 살다가 지친 상태나 과도한 업무에 의한 스트레스가 풀리지 못하고 쌓여서 심리적, 생리적으로 지친 상태를 뜻 한다. '방전됐다.'라는 것과 비슷한 의미다. 확신을 가지고 열심히 살다가도 지치는 순간이 올 수 있다. 당신의 방전은 그만큼 에너지를 쏟았기 때문에 자연스럽게 배터리 소모가 된 것이다. 그러니 다시 충전하면 된다. 간단하다. 당신을 충전시킬 방법을 찾자.

에너지의 아웃풋만 있고, 인풋이 없다면 방전되는 것은 당연하다. 도로를 열심히 달리지만 주유를 하지 않으면 기름이 떨어지는 것과 똑같다. 그러니 나만의 에너지 충전법이 있느냐 없느냐가 중요하다. 이것에 따라 전략적으로 충전 시간을 갖느냐 아니면 기약 없는 무기력의 시간을 보내느냐로 나뉜다.

대부분 운동을 추천하지만 무기력한 사람에게 운동이란 단어는 귀에 들어오지 않는다. 운동이 활력을 준다는 건 너무 잘 알지만 막상 몸을 일으켜 뭐라도 시작해볼 엄두가 나지 않는다. 그런 우리를 위해 '걷기'라는 최고의 운동을 선물 받은 것 같다. 걸을 수 있는 몸을 가진 우리는 축복이다.

산책을 나가보자. 오래 동안 걷는 목표가 아니라 집 근방을 5분만 걸어도 활력이 생긴다. 일단 멈춰 있던 기운이 밖으로 나가는 순간 더 넓게 퍼져나가는 걸 느낄 수 있다. 이렇게 집에서 편하게 있던 몸을 일으켜서 걷는 것만으로도 승리감이 생긴다. 작은 승리를 반복해야 한다.

또한 걷는 동안에는 생각의 전환이 일어난다. 하나의 생각에 잠식되어 있다가 걷는 순간 생각이 확장되는 것을 느낀다. 기분을 업 시키는 노래를 듣거나 틈 시간을 이용해 학습을 하기 위한 유튜브를 듣는 것도 좋지만 어떠한 콘텐츠도 듣지 않고 오롯이 걷는 날도 추천한다. 이대로 무력하게 시간을 보내면 안 되겠다는 마음으로 집 밖으로 뛰쳐나온 나에게 더 멋지게 살아갈 뜻밖의 아이디어가 떠오를 것이다. 그 생각들에 귀를 기울여주고, 나를 응원하는 문장들을 되새겨보자.


집 앞에 내 마음이 쉴 수 있는 스팟을 하나 만들어보자. 내게는 광명에 살 때 안양천이었고, 운정에 살고 있는 지금은 호수공원에 인적이 드문 한 구석이 나만의 생각정리 공간이다. 정 이런 공간을 찾기 힘들다면 놀이터만 나가도 마음이 달라진다. 놀이터에서 놀던 어린 시절이 떠올라서, 어릴 때 순수했던 어린 나를 생각하면 어른이 된 내가 더 힘을 내줘야겠다는 생각도 떠오른다.

나는 툭 하면 눈물이 나는 우울증 증상을 겪은 적이 있다. 그때는 놀이터에 나가 앉아 마음의 위안이 되는 음악 하나만 반복해서 들어도 마음이 풀리는 기분을 느꼈다. 내가 들었던 음악은 이소라의 〈바람이 분다〉, 이하이의 〈한숨〉이었다. 누군가는 내 마음을 알아준다는 위로를 느낄 수 있었고, 가슴속 답답함이 풀리는 듯했다.

이런 무기력한 시기를 보내봤기 때문에 지금의 내가 있다고도 생각한다. 무기력을 극복해야 한다는 한 자락 의지가 있었고, 그 한 자락의 의지가 나를 어떻게든 다시 살아가게끔 한다. 작은 의지만 있다면 할 수 있다.

열심히 살아보고자 한 사람이 무기력을 느낄 때는 다시 일어날 계기가 차곡차곡 쌓이면 결국엔 저절로 다시 일어나 움직이게 된다. 이 책을 읽고 있는 당신도 결코 자신을 하염없이 무기력하게 가만히 둘 사람이 아니다. 오늘보다 나은 내일을 꿈꾸는 당신이라면 지금은 비록 다 귀찮고 무엇을 해도 소용없을 거 같은 비관적인 생각이 들지라도 그 또한 바람처럼 지나가는 감정일 것이다.

다행히 이 무기력에서 빠르게 벗어나는 방법이 있다. 버킷리스트를 작성해보자. 갖고 싶은 것, 여행 가고 싶은 곳, 배우고 싶은 것, 나를 위한 것, 부모님을 위한 것, 자녀를 위한 것 등 최소 20개를 채워보자. 정말 무기력한 사람은 거창한 목표가 세워지지 않는다. 아주 소소한 일상을 위한 버킷리스트를 추천한다. 예를 들어, '좋아하는 친구랑 스시 맛집 가보기', '동해 바다 보고 오기'와 같이 쉽게 해볼 수 있는 것들을 적어보는 것이다. 체크리스트 목록을 하나하나 지워나가는 것만으로도 성취감이 느껴진다.

또한 인생을 열심히 살아야 하는 이유가 분명해지면 무기력해질 틈이 없어진다. 다만 지금 당신은 갈 길을 잠시 잃었을 뿐이다. 길을 찾으면 자신만의 속도로 부지런히 앞을 볼 수 있다. 방향을 다시 잡아보자. "계획이 실패하는 이유는 목적이 없기 때문이다. 어느 항구로 가야 할지 모른다면 어떤 바람도 옳은 길로 향하지 않는다." 세네카의 말이다. 돈을 많이 벌고 싶어 하는 사람은 많다. 하지만 그 돈으로 언제 무엇을 어떻게 하고 싶은지 명확한 목표가 있는 사람과 없는 사람은 추진력이 다르다.

예를 들어 '부모님께 땅 사서 집을 지어드릴 거야.'라는 목표가 있으셨던 엄마는 20대 때 정말로 목표를 이루셨다. 막연하게 '돈을 많이 벌고 싶다'가 아니라 당신이 돈을 많이 벌어야 하는 간절한 목표 없이는 '그냥 하늘에서 돈이 뚝 떨어졌으면 좋겠다.'라고 생각하고 바라기만 하는 삶과 같다. 그런 태도는 우리를 무기력하게 만든다.

지금 아무것도 하기 싫은 무기력에 지친다면 당신이 어느 건물 앞에서 있다고 생각해보자. 당신이 서 있는 위치는 그대로인데, 햇살이 어디서 비춰지느냐에 따라 나는 그늘질 수도 있고, 햇빛을 받을 수도 있다. 당신은 지금 그늘인가. 그렇다 하더라도 영원히 그늘져 있지 않을 것이다. 당신이 바라보고 있는 햇살을 쬐고 있는 누군가도 영원히 햇살일 수는 없을 것이다. 당신이 지금 무기력할지라도 이 무기력엔 분명 끝이 있다.

# 외모 때문에
# 자존감이
# 떨어질 때

나는 오랜 시간 다른 사람의 외모와 나를 비교하며 스스로를 괴롭혔다. 가장 첫 번째로 남과 나를 비교했던 기억은 고등학교 때 J라는 친구를 보면서다. 그 친구와 나는 같은 남학생을 좋아했다. 그리고 그 남학생은 나와 사귀게 되었다. 하지만 그 뒤로 J가 급속도로 자신을 가꾸기 시작했다. 눈에 보일 정도로 스타일과 외모가 예뻐지는 것을 보면서 불안해지기 시작했다.

그때가 내 인생에 남과 나의 외모 비교를 하기 시작한 시점이라고 기억한다. 내가 갖지 않은 외적인 매력을 가진 사람을 의식하기 시작했다.

내가 가진 것이 8개인데도, 내가 갖지 않은 2개에 집중하여 불만을 가졌었다. 참 어리석은 외모 비교 의식이지만, 청소년기에 불안으로 시작된 감정은 어느새 버릇처럼 나를 따라다녔다.

다른 사람과 나의 외모를 비교하는 건 자존감이 낮아지고, 자존감이 낮은 사람은 매력이 없다는 걸 알았다. 그렇게 낮은 자존감으로 스스로 마음에 들지 않고 괴로운 마음을 겪어봤기 때문에 어떤 사람이 정말 매력적인 것인가에 대해 더 깊이 생각할 수 있는 계기가 되었다.

외모가 중요하지 않은 것은 아니다. 호감 가는 외모를 가지면 사회적으로 더 유리한 것이 많은 것도 사실이다. 그렇다면 호감 가는 외모는 꼭 이목구비가 빼어나야 하는 걸까? 그렇지 않다. 호감 가는 외모는 표정, 인상, 분위기 등으로도 만들 수 있다.

'분위기 미인'이라는 말을 들어본 적이 있는가? 배우 김태리는 얼굴형이 갸름하고, 눈이 크고, 코가 높은 전형적인 미인형은 아니다. 하지만 김태리를 분위기 미인으로 보는 사람들이 많다. 왜 그럴까? 배우지만 전형적인 미인으로 얼굴을 고치지 않고, 자신의 고유한 이목구비를 사랑했다. 즉, 자신을 있는 그대로 사랑하는 단단한 내면이 그녀의 눈빛으로 드러나는 것이다. 분위기 미인들의 공통점은 높은 자존감으로 어떠한 상황에도 여유가 있고, 당당하다는 것이다.

지금은 얼굴형, 눈, 코, 입이 얼마나 오밀조밀 예쁜지가 중요하지 않다. 전체적인 조화로움을 더 많이 본다. 그 사람에게서 풍기는 고유한 분위기를 더 매력적으로 보는 시기이다. 그래서 과거에는 턱선이 갸름한 얼굴이 미인의 기준이었다면 지금은 각진 얼굴, 도드라진 광대뼈 등 각자의 생김새 그대로를 하나의 개성으로 표현한다. 오히려 각진 얼굴이 지적인 섹시함을 느끼게 하기도 하고, 도드라진 광대뼈가 동양 미인의 느낌을 준다.

항상 웃는 얼굴을 하고 있는 사람은 이목구비와는 상관없이 웃는 얼굴 자체를 기억에 입력하게 된다. 그래서 그 사람을 떠올리면 웃고 있는 얼굴이 떠오르고, 생각하면 기분 좋은 사람이 된다. 그리고 사람을 바라보는 눈이 따뜻하고 진심이 담겨 있으면 그 또한 보기 드문 매력이 된다. 눈빛은 거짓말을 하지 못한다. 한 사람, 한 사람을 대하는 표정이 그 사람의 평소 인품을 느끼게 한다.


아름다움의 기준을 내가 잡고 나의 자존감이 커지는 방향으로 나에게 몰입하면 자연스럽게 단단한 내면을 갖게 되고, 그것은 분위기로 나타난다. 내가 평소에 하는 생각이 표정을 만들고, 인상을 만든다. 마침내 사람들이 곁에 머물고 싶어 하는 호감 가는 사람이 되는 것이다.


10대보다 20대가 되었을 때 더 매력적인 이유, 그리고 30대를 넘어서

면서 더 성숙한 아름다움이 생기는 이유가 있다. 10대는 나만의 아름다움을 표현하기보다는 친구들과 강한 연대를 추구하는 청소년기의 특성상 대세를 따르는 경우가 많다.

20대에 들어서야 나에게 잘 어울리는 옷 스타일이 뭔지, 화장법이 뭔지 알게 된다. 나 역시도 20대에는 다양한 헤어스타일을 시도했다. 나에게 어울리는 것이 아닌 하고 싶은 모든 스타일을 다 시도해본 것 같다. 그래서 변화를 주는 재미는 있었지만 나를 더욱 돋보이게 하는 스타일이 뭔지는 알 수 없었다. 옷도 내가 입고 싶은 대로 입던 시기에는 어떤 옷이 내 체형을 더 커버해주는 디자인과 재질인지 알지 못했다.

나의 외모와 체형에 어울리는 스타일을 찾은 뒤부터는 훨씬 더 나를 돋보이게 하는 컬러의 색조 화장품을 살 수 있게 되었다. 또한 체형의 장점은 살리고 단점은 보완하는 패션을 알게 되었다. 하지만 타인에게 시선을 집중하면 나를 파악할 새가 없어진다. 나를 제대로 파악해야 나를 돋보이게 하는 방법을 터득할 수 있다.

그리고 30대부터는 자신의 분야에 더 전문가가 된다. 즉, 자신감까지 갖게 된다. 자신이 하고 있는 일에 대한 자신감을 가진 것이야말로 최고의 매력이 된다. 나의 외모에 잘 맞는 화장과 헤어스타일, 패션을 갖추고 자신의 분야에 열정적으로 임하다 보니 오히려 나이를 거듭할수록 매력적인 사람이 될 수 있는 것이다.

영화 〈I FEEL PRETTY〉 속 주인공은 패션 감각도 뛰어나고, 재치 있는 성격이 매력적이다. 하지만 자신이 통통하다는 이유로 늘 자신감이 없었다. 그러다 사고로 뇌를 다친 뒤, 거울 속에 비친 자신을 예쁘게 보기 시작한다. 자신감이 생긴 뒤로 사랑하는 사람도 만나게 되고, 자신의 분야에서도 멋지게 두각을 드러낸다.

그러다 다시 정신이 나고, 자신의 외모는 그대로였음을 알고 실망한다. 다시 위축되어 일도 사랑도 잃게 되기 직전, 내가 나를 어떻게 느끼는지가 더 하다는 것을 깨닫는다. 자신감이 중요하다는 걸 안 주인공은 여전히 통통한 외모로도 프로젝트를 멋지게 완수하고, 사랑도 되찾는다.

이 영화는 자신이 가진 장점에 주목하기보다, 사회적으로 만들어놓은 미의 기준에 자신을 비교하며 자존감이 낮은 사람의 모습을 보여준다. 이렇게 우리는 자신감 하나만으로도 더 빛나는 내가 될 수 있다는 걸 안다. 그런 자신감은 업무 성과를 올리는 힘이 되기도 하고, 사랑하는 사람과 더 좋은 관계를 갖게끔 한다.


외모는 예쁘지만 매력이 없는 사람들이 있다. 누가 봐도 예쁜 사람이지만 자신감 없는 태도와 늘 무표정한 표정이다. 그 사람 곁에는 오래 있고 싶지 않은 생각이 든다. 배울 것도, 재미도 없다. 우리가 오래 함께하고 싶은 사람은 긍정적이고 밝은 사람이다. 그건 외모에서 나오는 것이 아니다. 내적 매력이다.

"예쁜데 그게 다야."

"평범한 거 같은데 볼 때마다 예뻐 보여."

어떤 사람이고 싶은가? 따지고 보면 예쁜 얼굴이 아니고, 잘생긴 얼굴이 아닌데도 인기가 많은 사람들의 특징이 뭔지 생각해본 적이 있는가? 자신감, 유머, 온유한 성품 등 내적인 매력이 사람을 더욱 끌어당긴다.

대체 불가능한 매력을 가져보자. 내 매력이 무엇인지, 나에게 어울리는 스타일이 뭔지 잘 모르겠다면 주변 사람들에게 나에 대해 객관적인 피드백을 해달라고 요청하는 것이다. 감각적인 친구에게 피드백을 받을 수 있다면 더 좋다. 그리고 요즘은 스타일 컨설팅을 해주는 업체가 늘어나고 있으니 적극적으로 나에게 맞는 스타일링을 하는 것만으로도 자신감이 올라간다.

외모를 가꾸는 것은 나를 돌보는 행동 중 하나이므로 중요하다. 하지만 사회적으로 만들어놓은 미의 기준에 맞춰 외모에 집중하느라 진짜 중요한 것을 잃지 말자. 아름다움의 주도권을 내가 갖자. 당신은 세상에 단 하나밖에 없는 고유한 매력을 선물 받은 소중한 존재다. 그 선물 박스는 열어보지도 않고, 다른 사람이 받은 선물들만 바라보면서 시간을 낭비하지 말자.

# 가끔씩은
# 그래도
# 괜찮습니다

애쓰던 것들을 다 내려놓고 싶을 때가 있다. 희망이 없다고 느껴지고, 내가 너무 부족하게만 느껴지는 날이 있다. 내가 어릴 때 꿈꿨던 삶은 이게 아닌데 노력해도 크게 변하지 않는 것 같아서 답답할 때가 있다. 다른 사람들은 다 편하게만 살아가는 것 같은데 나는 뭐 하나 이룰 때마다 오래 걸리고, 마음처럼 한 번에 되는 것이 없다는 생각에 나 자신에 대한 회의감도 생긴다. 미래에 대한 막연한 불안감도 생긴다.

손예진, 감우성 주연의 〈연애시대〉에서는 손예진이 감우성과의 트러

블이 있는 상태에서 취한 채 집에 들어와, 동생과 치킨을 먹기 위해 피클 통을 연다. 피클 뚜껑이 아무리 힘을 줘도 열리지 않는다. 그러자 화가 나 그 피클 통을 바닥에 집어 던진다. 유리로 된 피클통이 바닥에서 깨지고 손예진이 엉엉 우는 장면이었다. 뚜껑 하나조차 내 마음대로 열리지 않는다고 서럽게 우는데 나는 그 장면에서 손예진 마음이 너무 잘 이해가 됐다.

열심히 살려고 할 뿐인데 내 맘대로 되는 것 없이 일이 꼬인다. 그래도 마인드 컨트롤하며 힘내려 하는데 작은 것 하나가 그동안 참고 있던 모든 무거운 것들을 터뜨리게 만드는 순간을 너무 잘 연출했다는 생각에 이 장면이 한 번씩 생각나곤 한다. 누구나 내 맘처럼 일이 풀리지 않아서 답답함이 쌓이고 쌓여 폭발하는 순간을 겪어봤으리라 생각한다.

내 진심을 몰라주는 일도 생긴다. 생색내는 것 없이 누군가를 위해 헌신하는 삶을 살았는데 그 모든 세월이 물거품이 되는 순간도 있다. 가족이든, 사랑하는 사람이든 그 사람에게 알아달라고 노력한 것은 아니었지만 몰라도 너무 모르고 나를 오해하고 판단하는 사람이 생기면 너무 억울하다. 이렇게 내 공들인 마음과는 다르게 인생이 흘러간다고 느낄 때 느끼는 속상함은 서글픔으로까지 이어진다.

기나긴 새벽을 붙들고 마음을 삭히고, 가라앉히고 잠을 청하면 어느새 어둠은 끝나 있고, 아침이 밝아 있다. 어둠은 물러가고 아침이 밝아오면 어제의 기분보다는 좀 더 나은 기분이 나를 기다리고 있다. 정말 심하게 감정적으로 무너졌을 대는 아침이 와도 아침을 외면하고 세상을 외면한 채 다시 눈을 감고 억지로 잠을 청하고 싶을 때도 있다. 눈을 뜨면 현실이니 그 현실을 피하고 싶어서 자꾸 잠 속으로 달아나려고 하는 마음이 들 때도 있다.

그늘이 없는 사람은 없다. 누구나 자신만의 그늘을 감당하며 살아간다. 그 그늘의 시간이 크고 길어지는 사람도 있지만 노력을 통해 그늘을 빠르게 처리하는 능력을 가진 사람들도 있다. 이런 것을 회복 탄성력이라고 한다. 우리는 내 감정을 선택할 자유 의지가 있다.

그러니 내 마음의 그늘이 크고 깊게 드리워질 때면 그 그늘을 얼마 동안 붙잡고 있을 것인지 결정할 수 있다. 내가 그늘로부터 벗어나겠다고 마음먹으면 정말 신기하게도 조금씩 나에게 빛이 드리워지는 일들이 일어난다. 또 어떠한 상황이 와도 그것이 그늘이 아니라고 애초에 생각해 버리면 별 것 아니게 흘러갈 수 있다.

유명한 사진작가이자 배우 유태오의 와이프인 니키 리는 자신에게 어려운 일이 닥치면 "웃기네."라고 소리 내서 말해버린다고 한다. 그렇게 웃기다고 말을 내뱉음으로써 내 뇌에서 이 일은 더 이상 심각한 일이 아닌 게 되어버린다. 그냥 인생의 작은 해프닝 정도로 되어버리는 것이다. 그러면 내게 벌어지는 모든 일들에 좀 더 마음 편하고 의연하게 대처할 수 있게 된다. 나 역시도 그 인터뷰를 본 뒤 내 기분이 망쳐지는 일이 생기면 "웃기네."라고 하고, 그렇게 만든 당사자를 생각하며 "귀엽네?"라고 말해버린다. 그러면 내 속이 빠르게 진정되는 것을 느낀다.

그 어떤 것도 단번에 이루어지는 일이 없다. 심지어 열매 하나가 맺히기까지도 1년의 시간을 기다려야 한다. 싹을 틔우고 꽃이 피고 열매를 맺고 그 시간을 기다리는 동안 바람에 여러 차례 흔들린다. 비도 맞는다. 자연의 섭리가 이러하듯 우리가 소망하는 것이 열매 맺기까지는 그만큼 공들이는 시간이 필요하고, 크고 작은 바람도 견뎌야 한다.

때론 쉽게 결과를 얻는 사람도 있다. 하지만 그렇게 빨리 얻은 결과는 후에 꼭 일을 겪는다. 그 멋진 결과에 해당하는 왕관의 무게를 견딜 일은 반드시 겪게 되어 있다. 먼저 과정을 다 겪고 결과를 얻은 사람은 좀 더 시행착오 없이 수월하게 왕관의 무게를 견딜 것이고, 단시간에 운 좋게 결과를 얻은 사람은 그 뒤로 결과에 상응하는 대가 지불을 반드시 하게 되어 있다.

그러니 당신이 지금 어떠한 시련을 겪는다고 해도, 그 시련은 분명 당신이 더 성장하기 위해 꼭 겪어야 하는 필수 과정이기 때문에 찾아온 일이다. 모든 경험은 귀하다. 또한 하나님은 당신이 감당할 수 있는 시련만 허락하신다고 했다. 그리고 능히 피할 길을 내주신다고 약속한 분이시다. 당신이 그 일을 충분히 감내할 그릇이기 때문에 일어난 일이다. 또한 그 일을 통해 크게 쓰일 당신의 미래가 예비되어 있다. 그러니 당신에게 찾아온 속상한 일 속에 어떤 힌트가 숨어 있는지 찾아보자.

누구에게나 인생은 봄, 여름, 가을, 겨울 4계절로 이루어져 있다고 한다. 누군가는 어려서부터 겨울로 시작해서 마음이 고달픈 유년기를 보내지만 결국엔 꽃도 피고, 열정적인 청년기를 맞이하고, 풍족한 결실을 맺는 가을로 마무리할 수 있다. 반면에 누군가는 봄처럼 따뜻하게 태어나지만 자신이 가진 것을 지키지 못하고 겨울로 마무리할 수도 있다. 당신이 지금 어느 계절에 놓여 있든 그 계절이 끝이 아니다.

힘든 시기를 보내고 있다면 어차피 다시 돌아올 봄, 여름, 가을을 맞이할 준비를 하면 된다. 그리고 현재 상황 속에서 겨울을 대비하는 배움을 얻으면 된다. 반대로 당신이 지금 너무 달콤한 시절을 보내고 있다면 감사한 마음으로 당신의 계절을 충분히 누리고 그 계절을 다른 사람들에게 나눠줄 수 있는 사람으로 살아가면 당신의 겨울은 춥지 않을 것이고, 충분한 식량들이 준비되어 있을 것이다.

우리는 우리의 길을 묵묵히 가면 된다. 내가 포기만 하지 않으면 길을 여러 차례 잘못 들더라도 결국 내가 설정해놓은 목적지까지 가는 것이다. 그 목적지를 막상 가보고 나니 내가 꿈꾸고 바라던 곳이 아니면 어떻게 하냐고? 그럼 다른 목적지를 찍고 가면 된다. 안 가보고 후회하는 것보다는 가보고 '아니네?'라고 확인하는 편이 낫다. 대신 그 경험을 다른 길을 갈 때에 원동력으로 쓰자. 모든 경험은 콜라보로 어우러지는 힘이 있다.

나는 경영학과를 휴학하고 3년간 비만 클리닉에서 근무한 경험이 있다. 이때 사회생활을 겪으며 일머리가 없단 이유로 많이 혼도 나고, 주말에 쉬는 날도 거의 없이 병원에서 살다 시피 했었다.

하지만 이때의 사회 경험이 초석이 되어 2학년까지는 별 의미 없이 다니던 대학에 복학 후 경영학과 수업이 더 실질적으로 들리고 해석하게 되었다. 그러다 보니 수업 성적이 당연히 좋았고, 컨설팅 사업을 하시는 교수님이 내 수업 태도를 잘 봐주시고 취업 제의가 들어왔다.

또한 비만 클리닉에서 많은 40~50대 여성과 소통하는 방법을 터득하고, 많은 사람들의 특징과 이름을 외우는 힘이 됐다. 이러한 경험으로 지금 내가 하고 있는 네트워크 마케팅 사업에서 새로운 사람들을 만남에 따라 그분들의 이름과 특징을 잘 기억하는 능력이 되었고, 실제로 많은 팀원들이 나에게 자신이 말했는지도 잊고 있던 것까지 기억해줘서 애정이 느껴지고 고맙다는 말을 듣는다.

또한 팀원의 나이대가 대부분 40~50대가 되다 보니 팀원들과 어울려져서 소통하는 것도 편하고 즐거울 수 있는 힘이 되었다. 또한 피부 클리닉을 다니면서 다양한 시술을 받아본 경험이 주력으로 맡고 있는 화장품이라는 아이템과 이어져서 비교하여 설명이 가능하니 이 또한 유익함이다.

내가 비만 클리닉 병원에서 일했던 경험이 지금의 큰 팀을 이끄는 사업가로 만들었다. 또한 네트워크 사업을 하며 다양한 사람들과 소통하며 배운 경험들이 지금 이렇게 책을 쓸 수 있는 원동력이 되었다.

모든 경험은 소중하다. 당신이 지금 어떠한 상황 속에서 잠깐 주춤하더라도, 잠깐 마음이 힘든 일을 겪더라도 이 모든 경험이 당신의 최종 꿈에 이르기 위한 필수 코스라고 생각하면 조금 더 마음이 편안해질 것이다. 당신이 경험한 수치로 표현할 수 없는 자산들로 꼭 당신만이 할 수 있는 것들을 실천해보기 바란다. 당신은 분명 해낼 것이다.

# 06

# 열심히만 살지만
# 늘 불안한
# 사람들에게

 

대부분의 사람들이 매일 아침 눈을 뜨면 습관적으로 씻고 출근한다. 그리고 핸드폰으로 쏟아지는 정보를 의식 없이 둘러보다 보면 금방 직장에 도착한다. 본격적으로 주어진 업무를 처리하다 보면 금세 하루가 다 간다. 그렇게 한 달을 보내면 월급날이 된다. 그럼 나의 한 달에 대한 보상을 받았다는 마음이 든다. 그렇게 몇 번 하다 보면 반년이 흐르고, 어느새 일 년이 금방 간다.

매년 열심히 살고 있는 것 같은데 딱히 삶이 나아지는 것 없이 나이만 든다고 생각이 된다면 '지금 내가 잘 살고 있는 걸까.' 하는 불안감이 생기는 것이 당연하다. 그렇게 내 삶에 대해서 돌아볼 새 없이 시간만 흘러가는 경우가 많다. 열심히는 살고 있는데 불안한 마음이 든다면 우리는 잠시 멈춰서 내 삶을 점검해야 한다.

당신이 어려서 꿈꿔온 인생은 지금의 모습이 아닐 수 있다. 성인이 되어서 한참 사회생활에 치여 살고 있는 당신은 '꿈은 무슨 꿈이야. 이 나이 되면 다들 이렇게 살아가는 거지.'라고 생각할 수 있다. 원래 대부분의 사람이 이렇게 살아가니까 현실을 받아들이는 자세가 필요하다며 꿈꾸는 마음을 접었을 수 있다. 이런 생각이 스스로를 대부분의 사람에 맞추어 살게 만들어버린다.

하지만 우리는 죽을 때까지 꿈을 꾸고, 이뤄나갈 수 있다. 꿈이라는 것이 꼭 대단하게 이름을 날리고, 대단한 업적을 남겨야 하는 건 아니다. 의사, 검사와 같이 긴 시간 공부를 해야 이룰 수 있는 직업만이 꿈이 되는 것도 아니다. 당신이 조금 더 삶을 의미 있고, 충만하게 살아가는 방법이 꿈을 꾸는 것이다.

꿈을 가진 사람은 정말 매력적이다. 왜냐하면 삶을 주체적으로 대하고, 열정적이고 긍정적이기 때문이다. 꿈이 없는 사람은 대체로 인생을 수동적으로 살아간다. 꿈이 있는 사람의 꿈을 이뤄주는 것에 기여만 하며 살아간다. 서로의 꿈을 응원하고 돕는 관계가 아닌 내 꿈은 없고 다른 사람의 꿈만 키워주며 살기에는 내 인생이 너무 소중하지 않은가?

당신이 가고 싶은 여행지, 부모님께 해드리고 싶은 선물, 자녀에게 어떤 부모가 되고 싶은지, 어려서부터 배우고 싶었지만 기회가 없었던 것, 바라던 몸매 등등 내가 원하는 것을 명확히 설정하면 내 삶은 그것들을 하나씩 이루며 사는 즐거운 여정이 될 수 있다.

내가 하는 일이 나를 더 나은 삶으로 이끌지 못한다면 당신의 삶이 더 풍성해질 수 있는 길을 찾지 못한 것일 수 있다. 나는 우리가 지구별에 왔을 때는 분명한 탄생의 이유가 있다고 생각한다. 서로 다른 개성과 달란트, 환경 속에서 자신의 사명을 완수하고 이 세상을 살다 간다. 아직 자신에게 주어진 사명이 무엇인지 알지 못하기 때문에 방황하고 헤매며 의미 없는 나날을 보내고 있을 수 있다.

주변 사람들에게 재미를 주며 즐거움으로 물들이는 유머의 달란트가 있는 사람도 있을 것이다. 또는 주변 사람들에게 맛있는 음식을 먹게 해주는 요리의 달란트가 있는 사람도 있을 것이다. 이렇게 우리는 일상 속에서 내가 가진 재능으로 작게는 내 가족과 지인, 넓게는 얼굴을 모르는 사람들에게도 나의 재능의 영향력을 펼치며 살아갈 수 있다.

예를 들어보자. 당신이 새로운 요리 레시피를 잘 만들어내는 사람이라 쉽고 맛있는 찌개를 만들 수 있다고 해보자. 그걸 주변에 맛있게 먹게 해주고, 그 사람들도 배워서 본인이 아는 사람들에게 해줄 수 있다. 그러면 많은 사람들이 당신이 개발한 레시피로 더 맛있는 한 끼를 먹을 수 있는 것이다. 결코 작은 재능이 아니다. 그리고 당신이 직접 영상을 제작하여 유튜브에 올리거나, 블로그 포스팅을 해서 요리를 어렵게 생각했던 사람들에게 쉽고 맛있는 찌개를 할 수 있게 해줌으로써 얼굴을 모르는 사람들에게도 도움을 주는 요리 메신저가 될 수도 있는 것이다.

　이렇게 우리가 살아가면서 서로 도와주고, 도움을 받는 관계를 형성해 나갈 때 더 큰 성취감과 만족감을 느끼며 살 수 있다. 또한, 자본주의에서의 돈은 다른 사람들을 널리 이롭게 할 때 그에 상응하는 대가로 돌아오는 것이다. 그러니 내가 가진 재능이 어떤 방식으로 얼마나 많은 사람들에게 유익을 줄 수 있을지 생각해보는 시간을 갖는다면 당신의 쳇바퀴 같은 일상에서 벗어날 수 있다. 당신이 할 수 있는 것에 에너지를 쏟는다면 더 의욕적인 생활을 살게 될 것이며, 당신의 삶을 주체적으로 살 수 있는 힘이 길러질 것이다. 어느새 불안은 사라지고 활력이 생겨난다.


　누구나 다 성실하게 열심히 일하는데 왜 어떤 사람은 충만한 마음을 가지고 긍정적으로 임할 수 있고, 또 누군가는 불안한 마음으로 현재 자신의 처지를 바라보는 것일까? 내게 주어진 일을 열심히 하는 건 누구나 다 공통적인 특징이다. 일을 해야 소득이 생기는 자본주의에서 대충 일해서는 내 자리가 위태롭기 때문이다. 내가 아니라도 이 자리를 채워줄 다른 누군가는 분명히 있다. 그러니 열심히 사는 것만으로는 인생의 답이 될 수 없다.

내가 하는 일에 대한 분명한 목적의식이 있느냐, 없느냐에 따라 내 마음이 충만한지, 불안한지 나뉜다고 생각한다. 단순히 내게 주어진 일을 하느냐, 아니면 주인의식으로 임하느냐에 따라 일의 깊이가 달라진다. 내가 여기서 무엇을 얻고, 무엇을 준비하는 과정에 있는지 정확히 알고 일하는 사람과 그냥 돈을 벌어야 하니까 일을 하는 사람과는 일을 대하는 태도가 완전히 다르다.

언제까지 무엇을 이루겠다고 결심하고 보내는 하루하루는 모든 날들이 목표를 이루는 과정임이 확고하기에 마음의 흔들림이 없다. 하지만 목적 없이 '나중에 어떻게든 되겠지.'라는 마음으로 살아갈 때는 내가 보내는 날들에 대한 의심이 깊어진다. '이렇게 열심히 해도 나중에 남는 게 없으면 어떡하지.'라는 부정적인 생각만 꼬리에 꼬리를 문다.

모두들 자기의 직업대로 최선을 다해 산다. 하지만 그렇다고 모두가 부자가 되는 것은 아니다. 식당에서 친절하고, 열정적으로 서빙하시는 분을 보면 최고로 열심히 일하시는데 경제적으로 부유해질 수 있을까? 왜 열심히만 산다고 마음이 편해지지 않는 걸까? 지금 내가 하는 노력들이 미래의 안정감을 줄 거라는 확신이 필요한 것이다.

열심히만 사는 것으로는 인생의 답이 안 나온다. 자본주의 사회에서는 냉정하게 말해서 돈이 되는 루틴으로 살아갈 때 보다 안정감을 느끼는 것이 당연하다. 돈이 있어야 나를 지킬 수 있고, 내가 사랑하는 사람들을 지킬 수 있다. 돈을 추구한다고 해서 물질만능주의 욕심쟁이나 이기적인 사람이 되는 것이 아니다. 자본주의에서는 돈은 생존과도 이어지는 문제다. 때문에 그 힘을 기르는 정당한 대가를 지불하고 노력을 하는 것이 중요하다. 그 시작이 나는 내가 가진 달란트를 더 많은 사람들에게 나누어줄 수 있는 사명을 찾아서 주체적으로 살아가라고 것이라고 이야기하고 싶다.

매일 먹고살기가 바쁘다고 해서 시간이 없다는 건 핑계다. 당신은 분명 하루에 1시간의 시간을 만들 수 있다. 뷰티 유튜버 '재유'는 초창기에 백화점 1층 화장품 코너에서 일을 할 때부터 자신이 가진 뷰티 정보를 나눠주는 콘텐츠를 틈틈이 찍고, 출퇴근하며 편집하여 올렸다. 그렇게 꾸준히 자신이 가진 달란트를 많은 사람들에게 공유해줌으로써 지금은 50만 명에 달하는 구독자를 보유한 전업 프리랜서 유튜버의 삶을 살게 되었다.

당신의 생각을 관리하면 말과 태도가 바뀐다. 그러면 당신의 라이프스타일이 바뀌면서 생산적인 삶이 선순환이 생긴다. 당신이 자주 하는 말이 '지쳤어.', '피곤해.', '이렇게 산다고 뭐가 달라질까.' 이런 식의 부정적인 생각과 말이 습관이 되었다면 몽땅 다 갖다 버려야 한다. 우리는 이제부터 성공자의 삶을 살아갈 수 있는 세팅을 다시 할 것이다.

불안함을 감지했다는 것만으로도 당신이 더 멋진 삶을 살 수 있는 기질이 있는 사람이라고 생각한다. 당신이 그만큼 인생에 대해 한 번 더 생각해볼 터닝 포인트의 시간을 갖게 될 것이다. 내 꿈을 다시 찾을 것이고, 내가 가진 작은 재능으로 많은 사람이 행복해질 수 있는 사명이 무엇인지 집중해볼 것이다. 그리고 당신의 소중한 소망이 실현될 수 있도록 긍정적인 생각과 말이 꿈을 이루는 실크 로드를 깔아줄 것이다.

# 07

# 남을 챙기느라
# 정작 나를
# 챙기지 못했다

뉴욕에 여행을 갔을 때의 일이다. 친구와 함께 여행하다가 친구가 나보다 하루 먼저 출국하는 일정이었다. 나는 혼자 외국 여행을 해본 적이 없었다. 그래서 오롯이 혼자 뉴욕에 남아 있는 날에 대한 기대가 있었다. 즐거운 긴장감을 느끼면서 뉴욕 시내를 돌아다니며 구경했다. 2시간 정도 구경했을까? 한국 가족과 친구들에게 줄 기념품을 사 가야 할 것 같다는 생각이 들었다.

가족, 친구들이 뭐를 좋아하는지 나는 잘 알았다. 그 때문에 그들이 받으면 기뻐할 선물을 고르다 남은 하루를 다 써버렸다. 그렇게 귀국 비행기에 탔는데 기분이 영 좋지 않았다. 나는 왜 남은 하루를, 그것도 한국도 아닌 뉴욕에서 오로지 나만을 위해 보내지 못했을까. 다른 사람들을 생각하느라 하루 반나절을 다 썼을까.

물론 기념품을 친구들이 기쁘게 받는 상상을 하는 건 좋았다. 하지만 그 장소, 그 시간은 늘 있는 기회가 아닌데, 나는 그 시간을 나를 위해 쓰지 못하고, 남을 위해 거의 다 써버린 것이다. 비행기 안에서 이건 뭔가 잘못되었다는 생각이 들었다. 우선순위가 내가 아닌 다른 사람에게 향해 있고, 그로 인해 나의 시간을 온전히 누리지 못했다는 판단이 섰다. 여행 기념품이란 건 주고 받았을 때 잠깐의 기쁨으로 끝나는 경우가 많았다. 차라리 평생 남을 경험을 하고, 더 많은 풍경을 눈에 담았으면 어땠을까.

또한, 나는 다른 사람들의 부탁을 거절하는 것이 어렵다. 그래서 좋은 게 좋은 거지 하며 웬만하면 부탁을 받아들인다. 그 사람이 오죽하면 나에게 부탁했을까 하는 마음이 든다. 하지만 부탁을 들어줄 때는 내 것을 더 내어주거나, 내 시간을 써야 할 때가 많다. 그것이 보람과 기쁨이 될 때도 있다. 하지만 거절하는 것이 어려워서 원치 않는 다른 사람의 부탁을 들어줬을 때는 '내가 지금 뭐 하고 있는 건가.'라는 생각이 드는 것도 사실이다.

마음이 즐겁지 않은 일을 한다는 건 누구에게나 좋은 사람이 되기 위해 나를 희생하고 있단 뜻이다. 다른 사람보다 나를 우위에 둔다면 시간과 에너지를 다른 사람을 위해 쓰진 않을 것이다. 현명하게 거절해 서로의 기분이 상하지 않게 할 수도 있다. 다른 사람에게 인색하게 굴고, 이기적으로 나만 생각하자는 이야기가 아니다. 서로에게 기쁨이 되는 일을 하자는 것이다.

사업을 하면서 나에게 본인의 편리함을 위해 무리한 부탁을 하시는 몇 분을 만났다. 20대에 사업을 시작한 나로서는 40, 50대분들의 부탁을 거절하기가 어려웠다. 비즈니스적 관점에서 생각하고 결정해야 했지만, 그렇게 하지 못했다. 그래서 내가 좀 불편해도 거의 다 수락하는 편이었다.

다른 사람의 부탁을 거절하지 못해서 시간을 쓰다 보면 내게 무리한 부탁을 한 사람이 미워지기도 했다. 그뿐만 아니라 거절하지 못한 나 자신도 미워졌다. 때론 내가 팀원의 부탁을 무리하게 들어주는 게 그 사람의 일을 더디게 만드는 부작용도 생겼다. 팀원 스스로의 성장을 방해하고 숟가락으로 떠먹여주는 식으로 일하면서 내 마음도 지쳐갔다. 이렇게 쓸데없는 감정 소모까지 해가며 남을 생각해주는, 좋은 사람이 될 필요가 없다는 걸 불편한 감정을 여러 차례 겪으면서 깨달았다.


내가 하고 있는 네트워크 마케팅 사업에는 전업주부였다가 사업을 시작하는 여성들이 많다. 그녀들은 가족을 챙기느라 어느새 자신을 잃고 살고 있다는 생각이 들었다는 말을 공통적으로 했다.

K 언니는 아이를 잘 키우는 데 모든 포커스를 맞추고 살았다. 그러다

막상 아이가 크고 나니 허무함이 밀려왔다고 한다. 사춘기가 온 아이들은 엄마보다는 점점 더 친구들과 함께 시간을 보내려 했다. K 언니는 집에 혼자 있는 시간이 많아졌다고 한다. 친구들을 만나려 해도 그들은 자신의 분야에서 고군분투하고 있었다. 그러다 보니 자신만 덩그러니 멈춰서 있는 것 같아서 조바심도 든다고 한다. 아이들과 사이가 좋으면 감사한 일이다. 하지만 아이에게 최선을 다했음에도 사춘기를 지나는 아이는 자신의 현재 모습을 두고 엄마 탓을 하곤 한다. 그런 말들에 마음 아파하는 엄마들도 꽤 보았다.

H 언니는 남편이 사회적으로 승승장구하는데 자신만 제자리인 것 같아서 우울감이 찾아왔다고 했다. 한때는 언니 자신도 한 분야에서 두각을 나타내며 자아실현을 하던 때가 있었는데 말이다. 그런데 어느새 자신의 커리어는 그 어디에서도 알아주지 않는다고 한다. '10년이 넘는 시간 동안 난 뭐를 한 건가.'라는 생각에 씁쓸한 마음이 든다고 한다.

아내이자 엄마라는 이유로 사업에 시간을 내지 못하고 발목 잡히는 경우가 있다. 하지만 결단이 필요하다. 현명한 엄마 사업자인 J 언니는 남편과 아이들에게 자신의 꿈을 이야기하고, 그 꿈속에 그들도 함께 있음을 말해줬다고 한다. 그러니 내가 이러한 부분에서 이전보다 시간을 함께 못 쓰더라도 이해해주고 함께 집안일을 해나가자고 이야기했다고 한다. J 언니의 꿈은 가족들의 응원을 받으며 이루어져갔다. 또한 가족이 같은 목표를 이루어나가며 함께 힘쓰니 고마운 마음도 커져갔다고 한다.

또한 어린아이를 둔 엄마, S 언니는 국가에서 지원하는 '아이 돌봄 서비스'를 신청해 하루 4시간 아이를 저렴한 비용으로 케어를 맡겼다. 그렇게 자신이 일할 수 있는 시간을 확보하는 결단과 지혜를 발휘한 것이다. 아이도 자신과 밀착해서 놀아주는 선생님이 있으니 즐거워한다고 한다. S 언니도 그 시간을 이용해 자신을 성장시키고 추가 소득도 발생시킨다. 그러다 보니 집에서 아이와 함께하는 시간에 더 행복한 마음으로 집중할 수 있게 되었다고 한다.

청소년 아이를 둔 엄마, N 언니는 아이가 갖고 싶어 하는 아이폰을 현금으로 사주었다고 한다. 처음에는 엄마가 일하는 걸 싫어했던 아이였지만, 그 뒤로는 엄마가 집에 있는 날이면 엄마 왜 일하러 안 나가냐고 말한다고 한다. 오히려 밖에 나가서 일하는 엄마의 모습을 더 좋아한다고 했다. N 언니는 아이가 원하는 것에 물질적 지원을 할 수 있는 멋진 엄마가 된 것이다. 군인 아들을 둔 L 언니는 아들로부터 자기 친구들은 20대인데도 엄마처럼 열정 가득한 사람이 없는데, 50대인 엄마가 목표를 향해 달려가는 모습이 멋있다는 말을 들었다고 한다.

아무리 가족이라도 내가 아닌 다른 사람을 챙기느라 나의 위치를 잃으면 언젠간 꼭 상실감을 감당해야 한다. 우리는 나로서 살기 위해 이 세상에 태어났다. 내가 행복할 때 가정의 행복이 있다. 내가 행복해야 행복한 에너지를 가정에서 뿜어낼 수 있다. 어느 소설가가 "가정의 행복은 함께 행복해서가 아니라 개개인이 행복할 때 이뤄진다."라고 말했다. 난 그 말에 전적으로 동의한다.

남을 위하는 착한 사람으로만 살 필요는 없다. 나 하나 제대로 챙기지 못하면서, 남에게 좋은 사람이라는 타이틀을 달면 무슨 유익이 있을까. 우리가 자주 잊고 사는 게 있다. 우리에게 주어진 시간은 누구에게나 공평하게 하루 24시간이다. 즉, 다른 사람을 위해 내 시간을 쓰는 동안 나에게 쓸 시간이 사라진다. 그 시간을 어디에 사용하는지에 따라 미래가 달라진다는 것이다. 지금의 나를 위해 시간을 사용할수록 스스로도 더 만족스러운 내가 될 수 있다.

나도 전에는 다른 사람에게 내 시간을 맞추느라 내 시간을 주도적으로 사용하지 못했다. 끌려다니는 삶을 살았다. 하지만 이제는 내 꿈을 위한 시간을 지키기 위해서 다른 사람을 위해 쓰는 시간을 현명하게 거절할 줄 알게 되었다. 한 번 거절하기가 어렵지, 때론 단호함을 보여줘야 할 때도 있었다. 특히 비즈니스 관계에서는 더 그렇다.

왜 거절할 수밖에 없는지 진정성 있게 전달하면 서로 감정이 상할 일이 없다. 이제는 누가 나에게 부탁해 오면 내 마음이 불편한지 아닌지 수락하기 전에 잠깐 멈춰 생각한다. 불편한 마음을 느끼면서까지 누군가를 도울 필요는 없다. 하지만 내 마음이 즐거운 일이라면 기꺼이 다른 사람을 챙기는 데 시간을 쓸 수도 있을 것이다. 여기서 내가 어디에 가치를 두는지 우선순위에 따른 판단이 필요하다.

내가 사랑하는 사람을 지키는 방법은 금전적인 방법이 될 수도 있다. 경제적 자유를 이룰 때 내가 사랑하는 사람을 지킬 수 있다. 김미경 강사가 친구 아버지의 조문을 다녀와서 느낀 점을 유튜브 콘텐츠로 찍어 올린 것을 봤다. 부모가 아플 때 병실 컨디션과 의료 수준은 자녀의 경제력에 달려 있다는 내용이었다.

지금 어설프게 좋은 사람이 되기 위해 내가 성장하는 데 시간을 쓰지 못한다면 정말 중요한 순간에 부모님이나 사랑하는 사람을 지키지 못하는 날이 올 수도 있다는 위기의식을 가지게 되었다. 지금의 나는 완전히 나에게 몰입해서 나테크를 하고, 나를 키워내고 있다. 지금 좋은 사람이고 싶은 마음에 나의 시간이 다른 사람을 위해 주먹쥔 손에서 모래 빠져나가듯 빼앗겨지고 있지 않은가. 그리고 다른 사람을 위하면서 내 감정이 소모되고 있다면 냉정하게 생각해보자. 장기적인 시각으로 바라봤을 때 어떤 방법이 서로에게 진정한 좋은 관계가 되는지 생각해보자. 내가 온전치 않으면 나를 둘러싼 세계도 온전할 수 없다. 스스로를 지킬 수 있을 때 다른 사람도 지킬 수 있는 것이다.

- 2장 -

나만이
**나를 무너뜨릴 수**
있다

# 나 자신을
# 있는 그대로 인정하고
# 받아들이다

 뮤지컬 영화 〈위대한 쇼맨〉의 OST 〈This is me〉를 출연진들이 연습하는 모습이 담긴 영상이 8,100만 뷰를 넘기고, 138만 명의 '좋아요'를 기록할 만큼 화제였다. 이 노래 가사는 자기 자신을 있는 그대로를 사랑하고 앞으로 전진하겠다는 내용이다. 남들의 시선을 의식하던 과거의 자신을 벗어던지고 자유로워진 상태로 노래를 부르는 감정이 음악으로 고스란히 전달된다. 같이 앉아 있던 주인공 휴 잭맨도 주인공이 진심을 담아 부르는 모습을 보며, 눈물을 흘리는 감동이 진한 영상이다.
 이 영상에 수많은 사람들이 공감하며 감동을 받았다는 것에서 나는 한 번 더 위로를 받았다. 많은 사람들이 나를 있는 그대로 사랑하고 싶은 욕망이 있다는 것을 알게 되었다. 그리고 나만 내 단점을 보며 괴로워하고 있던 게 아니었다는 걸 알았다.

나는 한 번에 집을 나오는 일이 드물다. 꼭, 차 문을 열 때쯤 차 키가 없다는 것을 알아차리고, 뭘 빠뜨리고 오기 일쑤이다. 신경 써서 다음 날 필요한 것을 미리 챙겨 문 앞에 놓는 습관까지는 들여놨다. 하지만 그럼에도 불구하고 가방을 바꾸면 지갑을 두고 나오는 등 덜렁거림의 끝판왕이다. 이런 덜렁거리는 내 자신이 너무 한심하게 느껴질 때가 많았다.

하지만 이제는 이런 손 많이 가는 나의 덜렁거림을 받아들였다. 그러지 않기 위해 노력은 하지만, 나의 덜렁거림이 발동할 때면 그냥 웃는다. '역시 나답네.'라고 생각하며 하하하 웃고, 그러려니 하는 마음을 갖기 시작했다. 그러지 않으면 정말 나 자신을 용서하기가 힘들다. 그리고 생각한다. '나의 약점을 보완하기 위해서 더 많은 돈을 벌어서 비서를 둬야겠다.' 오히려 부의 열망이 커지는 쪽으로 나의 덜렁거림을 받아들였다.

또 지인 K 씨는 항상 다른 사람의 의견에 비판적인 의견이 떠올라서 그걸 참기 힘들다고 했다. 자신의 생각과 다른 얘기를 들으면 꼭 반박하고 싶고, 그냥 듣고 지나치기가 힘들다는 말을 했다. 그러던 중 K 씨는 MBTI 검사를 했고, 논리적인 사색가(INTP)라고 하는 유형으로서 논리적이지 못한 일들에 대단히 거부감이 있다는 설명이 나와 있었다. 그 설명을 읽은 K 씨는 자신의 그런 점이 마냥 성격이 모나서 그런 것은 아니었다는 위로를 받았다고 한다. 또한, 나 같은 성격이 하나의 유형으로 분리될 수 있다고 알고 난 뒤에는 자신을 있는 그대로 받아들일 수 있었다고 한다.

교사인 Y 씨는 동료들에게 최근 자기의 고민을 이야기하며 눈물을 흘렸다. 자신의 자존감이 낮아져서 다른 사람이 잘하는 것을 보면 화가 난다고 했다. 칭찬하고, 축하해줘야 한다는 걸 알면서도 부정적인 감정이 먼저 생기는 자기 자신이 너무 싫고, 더 화가 난다고 했다. 그렇게 자신의 모습을 받아들이기 힘들어하며 눈물로 고백하는 Y 씨를 보며 내 친구 P가 말했다고 한다. 힘들 때는 지금처럼 얘기를 하라고. 옆 사람을 이해하고, 어려운 건 도와주면서 더불어 살라고 아이들에게 가르치고 있지 않냐고. 남들에게 잘 보이려 포장하는 게 아니라 있는 그대로 보여줘도 우리가 서로의 기질을 잘 알고 있기 때문에 당신을 미워할 사람이 없으니 걱정 말라고.

친구 P가 직장에서 겪은 일화를 이야기해주는데 내 마음도 위로가 되었다. 따뜻한 통찰력이라고 생각됐다. 남을 질투하는 자기 자신이 못나 보이고, 그런 자신을 받아들이기 힘들어서 괴로워하고 있던 Y 씨가 어떤 마음인지 잘 알 것 같던 나였다. 그런 내 모습조차 충분히 그런 생각 들 수 있다고 이해 받은 느낌이었다. 내가 나의 생각을 약점으로 느끼고 괴로워할 때조차 나를 오해하지 않고, 나의 기질 자체를 봐줄 수 있는 사람들이 있다는 것을 알았다.

누구나 다 장점과 약점을 가지고 있다. 저명한 심리학자 융은 "그림자 없는 사람이 없다"고 말했다. 개인이 숨기고 싶어 하는 성격의 총합을 그림자라고 표현한 것이다. 누구나 다 숨기고 싶고, 인정하고 싶지 않은 단점을 가지고 있을 것이다. 그것을 다룰 줄 아는 사람, 즉 자신이 부족한 점이 있더라도 포장하지 않고, 자연스럽게 드러내며 행동할 줄 아는 사람이 더 자존감 높은 삶을 살 수 있다.

또한 당신이 생각하는 단점이 누군가에게는 장점으로 보일 수도 있다. 예를 들어 나는 완벽하게 갖춘 모습으로 일하기보다는 중간중간 허술한 구석이 있다. 난 그런 모습이 프로페셔널하지 않다고 생각해서 단점이라고 생각했지만 오히려 인간미가 있고, 친근한 마음이 들게 하는 장점이라는 칭찬을 들었다. 때론 실수하는 모습이 나보다 나이가 많은 어른들과 함께 어우러져야 하는 사업 특성상 그들에게 나는 딸이나 조카 같은 친근감을 느끼게 하는 사람이 될 수 있었다.

내가 가진 약점이 눈에 가시처럼 거슬린다면 그 약점을 사랑방 손님이라고 생각해보는 것이다. 즉, 나는 사랑방이고 약점은 손님이다. 손님은 이미 내 안에 들어와서 한동안 머물 것이다. 하지만 주인이 아닌 손님인 이상 언젠가는 사랑방에서 나간다. 즉, 나의 어떠한 모습이 마음에 들지 않는다면 그것이 영원하지 않을 것이라는 것을 알자. 왜냐하면 내가 문제의식을 느꼈다는 것은 변할 수 있음의 첫 신호이기 때문이다.

김미경 강사님의 강의 중에 기억에 남는 것이 있었다. 나를 제대로 아는 순간부터 철이 드는 것이라는 주제였다. 나의 모습을 있는 그대로 받아들이면, 그 다음은 내 모습을 보완할 방법을 찾을 수 있다. 나의 약점에 스트레스만 받고 있으면 달라지는 것이 없다.

예를 들어보자. 나는 돈을 모으기 힘들고 돈 관리가 어렵다는 것을 알게 된다면, 돈 관리 하는 방법을 배우거나 관리를 잘 해주는 배우자에게 맡기면 된다. 내가 시간 약속을 못 지키는 것을 인정하게 된다면, 약속 시간에 맞춰 나가는 것이 아닌 30분 먼저 나가는 연습을 해볼 수 있다.


내가 처한 상황에 대해 불만이 있을 수도 있다. 그래서 내가 처한 상황을 받아들이기 힘들어 괴로운 사람도 있을 것이다. 하지만 그 상황은 영원하지 않을 것이다. 내가 그 상황이 영원할 거라고 생각하기 때문에 받아들이기 힘든 것이다. 나를 둘러싼 환경은 내가 바꾸겠다고 의지를 갖는 순간부터 바꿔나갈 수 있다.

경제력을 더 갖출 수 있는 방법을 어떻게든 생각해낼 것이고, 그것을 실행할 용기가 생길 것이다. 그러니 내가 처한 환경에 대해 불평을 하기보다는 내가 처한 상황을 있는 그대로 즉시 해보자. 그리고 나의 욕망 또한 직시 하자. '내가 원하는 삶은 이게 아니다.', '나는 더 멋진 집에서, 내가 좋아하는 일을 하면서 돈을 벌 수 있다.'라는 열망을 가진 나를 있는 그대로 받아들이고 불평이 아닌 성장의 시점으로 삼으면 된다.

내 약점을 인정하는 순간, 해결책을 생각하게 되고 이제 나의 못마땅한 모습에서 자유로워질 수 있다. 적어도 스트레스는 받지 않는다. 나를 다른 사람들이 어떻게 생각할지 우려하며 내 약점을 들키지 않으려고 감추고 가린다고 해도 본질적으로 해결되는 것은 없다. 그러니 내 모습 자체를 나부터 있는 그대로 받아들여보자.

완벽하지 않아도 괜찮다. 내가 소중하게 생각하는 사람들이 완벽해서 소중한 게 아니듯이 나를 사랑하는 사람들이 내가 완벽했기 때문에 내 곁에 있는 것이 아니다. 부족한 점 많은 나라도, 그 자체로 소중하다. 당신의 지금을 있는 그대로 인정하고 바라봐주는 순간부터 당신에게 새로운 길이 열릴 것이다. 자신을 포장하고 숨기느라 애썼던 에너지 그리고 스트레스를 이겨내느라 쓰인 에너지가 이제는 당신을 성장하는 방향으로 쓰일 것이기 때문이다.

# 자신을 향한
# 비난과 질책을
# 멈춰라

나는 내 마음이 힘들어지는 상황이 생기면 그 원인을 나에게서 찾았
다. 내가 부족해서, 내가 잘못했기 때문이라고 나를 탓했다. 함께 사업하
는 사람 중에 일을 하다가 멈추는 사람들이 생기면 내가 리더 역할을 제
대로 못 해서라고 나를 질책했다. 그 결과 나는 점점 더 위축되고, 내가
이 일을 해도 될까라는 생각에 도달했다.

나를 탓할수록 자신감이 떨어졌다. 그리고 일의 성과도 같이 떨어졌
다. 왜 부정적인 생각은 자기 전에 몰아치는지, 많은 날 이불 속에서 숨
죽여 눈물만 뚝뚝 흘렸다. 더 잘하고 싶은데 왜 나는 이것밖에 안 되는

걸까, 속상한 마음으로 나를 비난했다.

자신감이 떨어지자 무기력한 날들이 늘어났다. 무기력하게 시간을 보내는 내 모습이 마음에 들지 않아서 자존감도 낮아졌다. 감정의 악순환이 생긴 것이다. 아무도 나에게 네 탓이라고 하지 않는데도 내가 모든 문제의 근원처럼 느껴졌다. 남을 탓하는 생각이 옳지 않다는 생각에 나를 탓하는 쪽으로만 문제를 바라봤다. 하지만 그럴수록 내가 너무 작아지고, 지쳐갔다. 근본적인 해결책이 필요했다.

예를 들어 팀원 A가 일할 때 힘없는 목소리로 말하는 버릇을 바꾸면 더 좋은 성과가 나올 거 같았다. 어떻게 말할 때 더 효과적인지 코칭을 해줘도 개선이 되지 않았다. 그래서 나는 내가 A에게 제대로 가르쳐주지 못해서 그녀가 바뀌지 않는 거라고 괴로웠다.

이럴 때 전략적으로 내가 아닌 사람이 코칭할 수 있도록 연결해주거나, A가 스스로 내가 바뀌어야겠다고 느낄 때까지 기다려주는 시간도 필요했다. A가 스스로 바뀌고 싶다고 마음을 강하게 먹는 게 중요한 것이었다. 그런데도 나는 A의 사업이 잘 안 되는 이유를 제대로 가이드 해주지 못한 내 책임으로만 느꼈다.

하지만 그렇게 나를 탓한다고 상황이 나아지지 않았다. 결과는 그대로거나 더 나빠졌다. 그럼 방법을 바꿔야 한다는 결론이 내려졌다. 마음이 힘든 이유는 성과를 더 잘 내고 싶지만 그렇지 못한 것에서 출발하는 것이지 않는가. 그럼 못 하고 있는 내 모습에 집중하며 괴로워하기보단 더 잘하기 위한 해결 방법을 찾는 데 집중하기로 결정한 것이다.

다른 사람의 행동을 교정해야 해결될 문제라면, 상대방이 바뀔 수 있는 적합한 방법을 끊임없이 생각하면 된다. 최선의 노력을 했음에도 상대방이 바뀌지 않는다면 그건 내 의지로 해결할 수 있는 영역을 벗어난 것이다. 내가 바꿀 수 있는 것에만 집중하기 시작했다. 그렇게 감정에 집중하기보다 해결책에 집중하기 시작했더니 놀랍게도 괴로움에 빠져 있을 새가 없이 바빠졌다.


함께 사업하는 L을 보며 생각하는 방식을 바꾸게 된 계기가 됐다. 그녀는 자신의 잘못함에 있어서 빠른 셀프 피드백을 가진 후 같은 실수를 반복하지 않기 위해 노력했다. 그런 L을 보며 어떠한 상황이든 빠르게 문제 해결에만 집중하는 것이 감정 소모를 줄이고, 성장하는 방법이라는 것을 깨달았다.

그녀가 그렇게 된 이유를 살펴보니 그녀에게는 명확한 목표가 있었다. 대체로 목표 지향적인 사람들은 자책하기보다는 난관에 부딪히면 그 사건을 긍정적으로 해석하는 사고방식을 가지고 있었다. 예를 들어, 금전적인 손실이 생기면 '더 큰 손실이 생기기 전에 알아서 다행이다. 이러면 안 된다는 걸 배웠다.'라고 긍정적으로 해석한다. 또는 자신을 힘들게 하는 사람을 대하면서도 '이 사람을 통해서 내 실력이 성장하겠군.'이라고 내 마음 편하게 생각해버리는 것이다. 즉, 긍정의 합리화다. 때론 이런 합리화가 나를 갑옷처럼 단단하게 지켜준다.

또한 목표가 뚜렷한 사람에겐 우선순위도 명확했다. 우선순위에 맞춰 시간을 어떻게 써야 할지를 정확히 알고 있으니 해야 할 일에만 집중하는 하루하루를 보내고, 거기에 따른 성취감을 느끼는 것이다. 하루 미션을 완수했다는 성취감으로 나의 자존감이 올라가니 하루를 즐거운 기분으로 채운다. 마치 빛과 어둠으로 이분화된 것처럼 빛의 감정이 떠오르자 어둠의 감정들은 저절로 사라졌다. 어떠한 상황에서도 부정적인 감정이 생길 틈이 없어진 것이다.

헤어스타일이나 옷이 마음에 드는 날이면 누구라도 더 만나고 싶고, 괜히 거울을 볼 때마다 기분이 좋다. 하지만 누굴 만날까 무섭게 초췌한 모습으로 외출한 날은 왠지 움츠러든다. 그만큼 외적인 것조차 내가 마음에 드는 날과 마음에 들지 않는 날에 당당함에 차이가 있다. 하물며 나를 지배하고 있는 감정이 '내가 너무 싫다'인데 어떻게 당당하고, 즐거운 기분이 따라올 수 있을까?

즐거운 기분을 유지하는 것도 비즈니스에 필요한 역량이라고 생각한다. 우리 회사 회장님은 아침마다 신나는 음악을 틀고, 간단히 운동하며 하루의 기분을 최상으로 만드신다고 한다. 내 기분이 좋은 상태를 유지하는 것이 사업을 함에 있어서 매우 유리하다는 걸 회장님은 아셨던 것 같다.

하지만 나를 비난하는 버릇은 어둠이다. 어둠은 대충 끊어낼 것이 아니다. 완전히 끊어내야 한다. 부정적인 생각은 내 성장에 도움이 되지 않는다. 기분이 좋지 않은 날에는 표정도 굳게 되고, 만사가 귀찮지 않은가? 그렇게 의욕 없는 사람의 모습을 하고 있는데, 어떤 사람이 나와 함께하고 싶을까? 나 역시도 밝은 에너지를 뿜는 사람 곁에 있고 싶지, 축 처진 목소리와 자신감 없는 사람과 함께 시간을 보내고 싶지 않다.

완벽주의 성향을 가진 사람들이 더 자신을 지치게 만든다고 생각한다. 내가 그랬다. 유독 뭐든 잘하고 싶은 강박이 있었다. 하지만 그런 기대치에 비해 늘 부족한 나를 보며 만족스러운 마음이 들기는 쉽지 않았다. 잘한 것보다 부족한 점이 더 크게 보였다. 하지만 진정 멋진 완벽주의는 나를 사랑하는 마음으로, 자신을 점점 더 멋지게 발전시키는 것에 집중하는 것 아닐까?

자신에게 만족감이 높고, 스스로 당당한 사람은 빛이 난다. 나에 대한 자신감을 높였더니 문제가 더 빠르게 해결되었고, 내 머릿속도 늘 맑은 상태를 유지할 수 있었다. 나의 말과 행동이 경쾌해졌고, 그러다 보니 사람들과 함께 있을 때도 더 기분 좋은 에너지를 내뿜을 수 있었다. 그야말로 감정의 선순환이 생긴 것이다.

　나는 스스로가 마음에 안 드는 마음이 세상에서 제일 고통스러운 감정 중에 하나라고 생각한다. 나를 인정해주는 사람이 없을 때, 나라도 내 자신을 믿어주고 힘을 실어줘야 앞으로 나아갈 수 있다고 믿는다. 하지만 나 자신조차 나를 인정해주지 않는다면 나의 무궁무진한 가치는 세상을 향해 고개 한 번 못 들어볼 수도 있다.

　나에 대한 만족도가 높아지는 방법이 있다. 뚜렷한 목표가 나를 이끌 수 있도록 작은 목표부터 세워보자. 하루 1개 스쿼트를 하는 것도 목표다. 1개 하려고 자세를 취하면 10개 정도는 하게 된다. 그렇게 조금이라도 내 몸을 움직였다는 것에 기뻐하자. 그러면 나에 대한 성취감이 올라간다. 성취감은 자신감으로 이어진다.

　객관적으로 매력적인 외모이고 일도 잘하는데 유난히 자신감이 없는 사람이 있다. 그런 사람을 보면 자신감은 남들의 평가에 의한 것이 아니라 자기 자신을 스스로 어떻게 바라보는지에 달렸다는 것이다. 자신을 긍정적으로 인식할 때 진정한 자신감이 생긴다.
　자신의 모습도, 자신의 상황도 있는 그대로 인정해야 현재 상황에서 발전하는 방법에 몰두 할 수 있다. 인정하지 못하고, 자꾸 자책하고 후회만 한다면 과거에 발목 잡혀서 미래의 가능성마저 닫히게 된다. 당신은 무한한 가치를 가지고 있다. 자책하며 과거에 매인 삶이 아닌 목표에 집중하는 삶을 사는 것으로 시선을 돌리길 바란다.

- 03 -

# 열등감의
# 다른 이름,
# 성장 촉진제

타인과 나를 비교할 일은 아주 어릴 때부터 시작된다. 유치원 때부터 재능 대회에 나가게 되고, 초등학교 때부터 성적으로 순위가 매겨진다. 또, 성적 순서로 대학에 진학한다. 계속 해서 남보다 더 스펙을 쌓고, 서로 연봉 차이가 나는 기업에 취업을 한다. 취업 후에는 어느 조직이든 성과에 대한 비교가 시작된다. 이렇듯 다른 사람들에 의해 끊임없이 경쟁 구도로 살게 된다. 인간으로 태어난 이상 우리는 서로 비교 당하고, 비교할 수밖에 없는 사회 구조에 있다.

타인과 비교 의식은 누군가는 우월하고, 누군가는 열등하다고 나눌 수

밖에 없다. 나를 나대로 그 사람을 그 사람대로 분리해서 생각하지 못하게 한다. 하나의 잣대 속에서 누가 더 낫고, 부족함을 따지게 된다. 그렇게 다른 사람이 나를 평가하는 기준점이 되면 어느 날은 내가 우월할 때도 있고, 어느 날은 열등해질 때도 있다. 어제의 나보다 나은 내가 되는 것에 집중하지 않으면 다른 사람들에 의해 나는 실패자가 되기 일쑤다.

내가 갖지 못한 재능을 가진 사람과 나를 비교하며 주눅 든 경험이 있는가? 나와 같은 시작점에서 출발한 친구가 빠르게 경제적, 사회적으로 성공한 모습을 보면서 부러운 적이 있는가? 내가 잘하고 있다고 생각하다가도, 나보다 조금 더 앞선 사람을 보면 조바심이 든다. 열심히 살다가도 나보다 앞선 사람을 보면 내가 걸어온 길이 초라하게 느껴지기도 한다.

조직에서 내가 뛰어나야 한다는 자기 과신에서 생기는 마음이다. 모든 면에서 내가 남들보다 뛰어나고 완벽해야 한다는 강박, 그래서 생기는 질투다. 하지만 완벽하지 않아도 괜찮다. 나의 기질 그대로를 사랑해주는 주변 사람들이 있다. 내가 모든 면에서 뛰어나야만 한다는 욕심을 버리고, 나의 기질을 잘 살려서 나는 나대로 빛나면 된다.

열등감의 늪에 한 번 빠지면 내가 한없이 초라해지고, 그 초라함에 짓눌려 무기력해질 수 있다. 나도 그런 열등감이 나의 에너지를 갉아먹던 시절이 있다. 한참을 그렇게 나의 장점 보다 다른 사람의 장점에 더 포커스를 맞추고 스스로와 비교하며 한없이 작아졌다. 그러니 자존감이 낮아지고, 내가 그들에 비해 모자란 사람으로 느껴지는 기분이 너무 괴로웠다.

그 감정의 고리를 끊어내야겠다고 결심한 순간 내가 했던 방법은 종이와 펜을 꺼내드는 것이었다. 나에게 열등감을 느끼게 하는 대상들의 이름을 쭉 써봤다. 그리고 그 사람들의 어떤 점이 그렇게 부러운지 적어봤다. 결론은 한 분야에서 끝장을 본 결과, 외국어 능력이나 악기 연주 실력, 운동 실력을 가진 것이다. 하루아침에 이루어지지 않는 재능을 긴 시간 단련하여 갖게 되었다는 그 꾸준함을 질투한 것이다.

그렇게 내가 어떤 것에 질투심을 느끼는지 정확히 파악하고 나니까 그것을 어떻게 바라보면 좋을지로 사고의 전환이 일어났다. 내가 그들이 가진 재능을 똑같이 가지려면 나 역시도 그만한 시간 투자가 필요하다. 하지만 이미 과거는 지나갔다. 그렇다면 그들이 그들의 재능을 위해 노력할 때 나는 무엇을 갖게 되었는지에 집중해보았다.

나는 한 가지를 꾸준히 하지 못했더라도, 다양한 경험을 했다. 그리고 뚜렷하게 겉으로 드러낼 수는 없지만 소통의 능력이나 영업의 기술을 갖게 되었다는 것을 깨닫게 되었다. 또, 내가 잘하는 것이 무엇인지 수치로 표현할 수 없는 것들을 적어보았다. 다른 사람의 장점을 잘 찾아내는 것,

그리고 감사함을 잘 표현하는 것, 다른 사람에 대한 이해심, 그리고 같은 상황을 다양한 어휘로 표현할 수 있는 것 등이었다. 이러한 것을 누군가에게는 노력으로도 어려울 수 있는 기질이었다. 그렇게 내가 가진 장점에 집중하니 마음이 편안해졌다.

다른 사람들과 나를 비교하느라 내 장점을 못 보고 있는 사람들에게 추천하는 방법이다. 종이와 펜을 꺼내서 내 열등감을 객관화하고, 내가 가진 장점을 종이 위에 적어보자. 하나만 적기 싫어서 깊이 생각하다 보면 생각지도 못한 내가 가진 장점들이 나온다. 그리고 그 장점들 중에는 꽤 멋진 것들이 많다. 우리는 모두 각기 다른 달란트를 선물처럼 받고 태어났기 때문이다.


열등감에 관한 유명한 말이 있다. "타인의 SNS를 들여다보며 그들의 하이라이트와 나의 원 테이크(촬영을 할 때, NG 없이 한 번의 컷으로 촬영하는 일) 동영상을 비교하지 않길 바란다." SNS 속의 사람들은 본인이 보여주고 싶은 일상의 단면만 보여준다. 그 사람이 그런 일상을 살기 위해 뒤에서 하는 노력을 우리는 볼 수 없다. 그렇다 보니 그 사람은 별다른 노력 없이 그 자리에 있는 것처럼 느껴져서 허무함을 느낄 수도 있다.

그리고 우리는 다른 사람의 화려한 겉모습만 볼 수 있을 뿐, 그들이 갖고 있는 고민은 알 수 없다. 그러면서 나의 힘든 상황만 크게 보이는 것이다. 그러니 다른 사람의 하이라이트만 보고 기죽을 필요가 없다. 그 사람은 그 사람의 인생을 열심히 살고 있을 뿐이고, 나는 내 인생을 키워나가면 된다.

열등감으로 오랜 시간 힘들었던 내가 내린 결론은 열등감 자체는 문제가 아니라는 것이다. 열등감이 생기는 마음을 어찌할 수 없다면 차라리 열등감을 받아들이는 나의 태도를 바꾸기로 결심했다. 내가 못난 사람인게 아니라, 지금보다 더 성장하고 싶어 하는 멋진 사람이기 때문에 느끼는 당연한 감정이라고 받아들인 것이다. 그랬더니 열등감에서 벗어나야 한다는 강박에서도 자유로워질 수 있었다. 오히려 열등감을 성장 부스터로 쓸 수 있었다.

열등감이 생기는 이유는 더 빛나는 내가 되고 싶은 마음에서 출발한다. 그리고 그런 욕심은 건강하다. 이렇게 열등감을 다른 시각으로 바라보니 내 열등감은 더 나은 내가 되기 위한 성장에 대한 의지로 볼 수 있었다. 그리고 열등감을 느끼게 하는 대상을 고마운 사람으로 바라보기 시작하면 불편했던 마음이 확실히 편해진다. 현 상황에 만족하고 머물수 있는 나에게 자극을 준 고마운 사람이다.

열등감을 느끼게 하는 대상이 내 주변에 있다는 것도 복이다. 왜냐하면 그 사람을 보면서 배울 점을 찾는 쪽으로 시선을 바꾸면 된다. 즉, 질투의 대상을 롤 모델로 바꾸어버리는 것이다. 그리고 그 사람이 잘하는 것을 내 것으로 만들면 열등감은 어느새 사라지고 내가 더 성장하게 된다. '누구 때문에 열등감을 느껴서 괴롭다'가 아닌 '누구 덕분에 성장할 수 있어서 고맙다'로 생각이 바뀐다. 부정적인 감정에서 긍정적인 감정으로 이동하니 성공할 수밖에 없는 플러스 주파수를 끌어당긴다.

아직 내게 부족한 면이 있다면 그 자체로 받아들이는 것이다. 그리고 다른 사람의 장점도 있는 그대로 받아들이는 것이다. 다른 사람의 멋진 모습을 부러워만 하는 것이 아니라 "멋지다."라고 말로 내뱉어본다. 그리고 생각한다. 나도 저렇게 멋져질 거야.

부러워만 하는 건, '저 사람은 되는데 나는 안 된다'는 마음이 깔려 있다. 하지만 멋지다고 생각하는 순간, 나도 닮고 싶다는 마음이 된다. 그리고 그 모습처럼 되기 위해서는 어떤 점을 따라 해야 할까. 생각하게 된다. 질투심은 사라지고 내 성장에만 포커스를 맞춘 삶을 살 수 있게 된다.

겉으로 드러나는 사회적인 기준에 의해 우리의 가치가 모두 대변될 수는 없다. 학교 성적에 인성이 포함되어 있지 않듯이 말이다. 그리고 지금의 성적이 미래의 성공을 보장하지 않는다. 또, 스타트업 기업의 현재 규모로 미래의 성장 가능성을 속단할 수 없다. 즉, 나의 가치도 지금 저평가된 우량주일 수 있다. 그리고 그 저평가는 다른 사람이 아닌 바로 내 자신이 내린 결론일 수 있다. 그러니 내 가치를 보여지는 성과들로 속단하지 말자. 당신은 당신조차 가늠할 수 없을 정도의 측량할 수 없는 잠재력을 가지고 있다.

# 불안은 나를
# 지키는
# 고마운 감정이다

최근 세계적으로 유례없던 강력한 바이러스로 우리의 일상은 마비가 됐었다. 학교를 가는 것도, 식당에 가는 것은 물론 여행 가는 것까지 당연하게 누리던 일상조차 제재를 받게 되었다. 전염병에 대한 공포는 물론이고, 경제적인 위협도 함께 찾아왔다. 자유로운 경제 활동에 제약을 받았고, 많은 자영업자들은 손님을 받는 숫자와 영업시간까지 제약을 받아야 했다. 사람들의 소비 심리가 위축되다 보니 경제 침체가 지속됐다.

우리가 통제할 수 없는 전염병이 우리를 순식간에 집어삼켰고, 언제 또 우리의 일상이 파괴될지 모르는 불안이 있다. 게다가 자동화 시스템이 빠르게 일상에 파고들면서 많은 일자리들이 사라지고 있다. 식당 주문 시스템은 기계화되었고, 서빙도 로봇이 하는 것을 볼 수 있다. 그리고 보험, 대출 등의 영업도 전산상의 상담만으로도 최적의 결과를 내주다 보니 지금 내 일자리가 영원하지 못하다는 불안을 가진 사람들이 많아지고 있다.

이렇게 빠르게 바뀌는 사회 환경에 적응하지 못하는 사람과 기업은 도태된다. 그러니 내가 가고 있는 이 길이 안전한지 체크해보는 것이 당연하다. 하지만 이런 불안이라는 감정을 느끼는 사람만이 현실 점검과 방향 점검을 할 수 있다. 그래서 더 나은 미래를 설계할 수 있게 된다.

사회는 이전보다 더 빠른 속도로 변화하고 있다. 가상 화폐가 생기고, 부동산 가격이 급등하고, 대출 규제가 심해지는 등 사회적 변화로 인해 내가 계획 했던 것들에 문제가 생길 수 있다. 하지만 그렇다고 불평만 하고 있을 순 없지 않는가?

'어떻게든 되겠지' 식으로 살고 있는 친구들도 있다. '결혼은 안 하면 되고, 그냥 지금 버는 만큼만 살면서 내 몸 하나 간수하면 되지.'라는 마음으로 더 나은 삶을 계획하고 도전할 마음이 없는 사람들도 있다. 하지만, 지금의 그 작은 크기의 안정감마저 내가 예상치 못한 변화로 위협받을 수 있다는 생각은 하지 못한다. 내 몸이 영원히 건강할 거라 생각한다.

이렇게 안일하게 현재에 만족하는 것보다 나는 불안이 유익이라고 생각한다. 이 불안이라는 신호를 캐치하면 이걸 통해서 내가 어떤 것을 변화해야 하는지, 시도해 봐야 하는지 고민해 보는 계기가 된다. 그리고 마음에서 불안을 키우지 않는다. 불안을 너무 의식하면 불안의 몸집이 커진다. 그러니 그냥 내 성장을 돕는 신호 정도로만 생각한다.

세계적으로 크게 사랑 받은 『해리포터』 시리즈 작가로 유명한 조앤 K. 롤링은 이혼 후 아이들을 싱글 맘으로 케어해야 한다는 불안감으로부터 글을 쓰기 시작했다. 즉, 시작은 아이들과 먹고살기 위한 생계를 위한 글쓰기에 가까웠다. 하지만 그 간절함과 절박함에 오히려 조앤 K. 롤링은 세계적인 작가가 될 수 있었고, 마법사들이 사는 세계관을 통해 많은 사람들의 상상력을 자극할 뿐 아니라 영화, 게임, 테마파크 등 다양한 콘텐츠로 재생산 될 수 있었다.

나 역시도 기존에 일하던 방식대로 일하면 내 팀을 키울 수 없을 것 같다는 불안감 때문에 더 능력 있는 리더가 되기 위해 일을 잘하는 사람들에게 점검 받고, 상담하며 노하우를 만들어갔다. 그렇게 나는 더 자신감 있게 사업을 할 수 있게 되었고, 팀의 성장을 더 효과적으로 도울 수 있었다. 업계에서 높은 위치에서 올라간 사람들도 그 위치를 지키기 위해서 그리고 더 큰 성과를 만들어내기 위해서 불안감을 역이용한다.

월 1억 수입을 받는 우리 그룹 상무님도 지금에 만족하는 것이 아니라 지금보다 더 성장하는 그룹을 만들기 위해 끊임없이 문제의식을 가지고 상황을 바라보신다. 문제의식을 활용하여 지금보다 더 나은 방법을 끊임없이 찾는 사람만이 향상된 결과를 내는 것이다. 불안을 자신이 현 상황에 멈춰 있지 않도록 자극하고, 성장시켜주는 고마운 감정으로 여기는 사람은 성공하는 사람이다. 반대로 평범한 사람들은 불안감을 있는 그대로 받아들인다.

이전보다 나은 결과를 낸다는 것은 이전과 똑같은 방식으로 만들 수는 없다. 혁신적인 생각, 새로운 도전, 수많은 시행착오를 겪어야 하는 것이 필연이다. 그 과정을 겪어낸 사람만이 폭발적인 성장을 만들 수 있는 것이다.

"변함으로써 생기는 '불안'을 선택할 것이냐, 변하지 않아서 따르는 '불만'을 선택할 것이냐."

－『미움 받을 용기』

이 문장은 우리에게 많은 영감을 준다. 많은 사람들이 현재의 재정 상태나 자기 자신에 대한 불만은 가지고 있으면서 여전히 내 몸이 편한 쪽을 선택한다. 익숙한 것을 선택하는 것이다. 그렇게 익숙한 것을 할 때는 불안함이 없다. 안 해본 것, 불안을 통해 지금보다 나은 내일을 추구하고 있는 것 자체가 의미가 있다.

그러니 불안이라는 감정에 잠식되어 있지 말자. 지금의 환경에 만족하지 말고 다음을 준비하라고 내가 나에게 주는 신호다. 그 신호를 기쁘게 받아들이고 해결책에 집중하면 된다. 평범한 사람들은 자신이 감당할 수 있는 정도의 노력만 하며 살아간다. 오르지 않고 쳐다보는 산은 불안이다. 하지만 막상 그 산을 오르기 시작하면 더 이상 불안이 아니다. 정복하고 있는 대상이 되고, 그 안에는 새로운 풍경을 감상하는 재미와 단련되는 근육을 얻는다.

처음부터 완벽하게 알고 난 뒤 새로운 분야로 진입하는 사람은 없다. 무슨 일이든 실전을 겪기 전에는 그 일을 다 안다고 할 수 없다. 그렇게 모르는 분야에 대한 불안감을 갖고 뛰어드는 것이다. 그 속에서 배우는 것이다. 해보면서 깨닫는 것이다. 그러니 알지 못해서 생기는 불안은 경험하는 것만이 답이다. 막상 부딪혀보면 별거 아닌 것이 많다. 우리에게는 닥치면 다 할 수 있는 힘이 있다. 그러니 겁먹을 필요 없다. 불안감에 지레 잠식당할 필요가 없는 것이다.

만약 당신이 새로운 조직에서 일을 배워야 하거나, 영업을 시작해야 한다면 새로운 사람들을 만나야 한다. 새로운 사람을 만나는 것도 불안한 감정이 들 수 있다. 그 속에서 잘 해내야 한다는 압박, 그리고 다양한 성격의 사람들과 어울려 지내야 한다는 불편한 감정들이 있을 수 있다.

하지만 이 또한 내가 그 사람들과 좋은 관계를 유지하고 싶은 마음에서 드는 불안이다.

누구든 잘 지내고 싶고, 좋은 성과를 내고 싶은 욕심은 나를 불안하게 한다. 그런 불안한 마음은 당연하다. 그런 불안은 나를 더 준비된 사람으로 만들어준다. 상대방에 대해서 먼저 파악하며 성공적인 미팅을 준비할 수 있다.

나는 소개 받은 사람에 대한 카카오톡 프로필이나 인스타그램 계정을 통해 그 사람이 어떤 것을 좋아하는지 미팅 전에 파악해보려고 한다. 책 읽는 것을 좋아하는지, 강아지나 고양이를 좋아하지는 않는지, 맛집에 다니는 것을 좋아하는지, 그런 정보를 파악하는 것만으로도 처음 만나는 사람에 대한 불안감은 사라진다.

또한 사랑하는 사람을 잃을까 불안한 마음도 있을 수 있다. 내가 사랑하는 이 사람이 나를 배신하거나 떠나면 어떡할까 하는 생각에 현재의 행복에 집중하지 못하는 마음으로 연애를 할 때도 있었다. 하지만 그 불안은 상처가 받기 싫은 내 마음이 나를 지켜내고 싶어서 느끼는 당연한 마음이다.

돌아온 싱글들의 커플 매칭 프로그램 〈돌싱글즈2〉에서 재혼 부부로 성사된 커플이 예능 프로그램에 나와서 인터뷰한 내용을 본 적이 있다. 이전 결혼에서는 남편이 연락이 안 되면 불안하고 그 감정이 괴로웠으나 지금의 남편은 연락이 안 되어도 이유가 있겠지 하고 불안하지 않다고 했다.

사랑만 하기에도 인생이 짧다는 말이 있지 않은가. 서로 믿어주고 보듬어주며 살아가기에도 부족한데, 상대적으로 느껴지는 불안함을 해소하느냐 마음 썩지 않길 바란다. 얼마든지 당신에게 안정감을 주는 만남이 있다. 그러니 사랑하는 속에서 불안한 마음이 생긴다면 내 마음의 불안이 두 사람의 대화와 노력으로 해결될 부분인지 아닌지 정확히 판단해야 한다. 지속적으로 당신에게 불안함을 유발하는 사람은 거리를 두는 것을 추천한다.

불평만 쏟는 사람은 평생 불평만 하다가 어느 한곳에 뜨거운 열정 한 번 쏟아보지 못하고 생을 마감한다. 하지만 불안을 느끼는 사람은 적어도 나를 도태되지 않게 만들고 노력하는 삶을 살아간다. 고대 시대부터의 맹수나 추위로부터 자신을 지켜내고자 옷과 무기, 집을 만들어낸 것처럼 불안함은 안전하게 살고자 하는 사람의 본능이다. 그리고 나를 지키는 고마운 감정이다. 당신이 지금 불안을 느끼고 있다면 당신은 도약할 준비를 하고 있는 것이다. 이 불안이라는 신호를 담담하게 받아들이고, 그렇다면 나는 어떤 노력을 하면 되는지에 집중해보자.

# 나에게 화내는 사람을
# 한 걸음 뒤에서
# 바라보기

　자신의 허물은 보지 못하고, 남의 허물만 보고 화를 내며 자신의 기분대로 사는 사람들이 있다. 우리는 새로운 일을 배움에 있어서 배우는 과정에 실수가 있는 것도 필연이다. 그러니 일을 가르친다는 이유로 자기 방식대로 화를 내는 사람들을 만나게 된다. 뿐만 아니라 가정에서도 감정 컨트롤 하지 못하는 가족을 뒀을 수도 있다. 끊을 수도 없는 관계일수록, 소중한 관계일수록 마음이 더 다친다.

　나에게 화를 내며 비난하는 것에 노출되면서 내 마음은 자꾸 위축되고, 나 자신이 굉장히 가치 없는 사람처럼 느껴지기도 했었다. 그리고 그런 환경에서 벗어나지 못하는 스스로에게 불만이 쌓이기도 했다.

내가 20대 초반 가정의학과에서 일할 때, 원장님이 욱하는 성격이 있으셨다. 내가 실수를 하면 환자 앞에서도 차트를 책상에 툭툭 치며 나에게 짜증을 내거나 큰소리로 화를 냈다. 나에게만 그랬던 것이 아니고 같이 일하는 간호사 모두에게 그랬다. 그러면 다른 간호사들은 하루 종일 표정이 안 좋은 경우가 많았다. 하지만 나는 어차피 얼굴을 계속 봐야 하는 원장님이니까 표정을 굳히고 있을 필요가 없다고 생각했다.

물론 '원장님은 왜 환자 앞에서 저렇게 성질을 내지? 인성이 정말 별로야.'라는 생각이 들었다. 그래도 원장님이 화내는 본질을 생각했다. 환자 앞에서 실수하는 것은 병원의 신뢰도에 큰 영향을 주는 일이고, 의료 기관에서 실수는 큰 사고로 이어질 수 있기 때문에 예민해질 수밖에 없다고 생각했다. 문제의 본질만 생각하기로 했다.

원장님의 화내는 방식이 바람직하진 않다. 병원 평판에도 마이너스가 될 수 있는 부분이다. 그렇다고 내가 원장님 성격을 바꿀 수 있는 것도 아니고, 내가 그만둘 게 아니라면 내가 꽁 했을 것이 아니라 빠르게 관계를 회복해야 한다고 생각했다. 왜? 그냥 내 마음이 편하기 위해서다.

그래서 환자가 돌아가고 나면 나는 원장님이 좋아하시는 시원하고 달달한 커피를 타드리며, "정말 죄송했습니다. 앞으로는 주의하겠습니다."라고 진심으로 잘못을 깨달았다고 알리는 편을 선택했다. 원장 선생님이 예뻐서 커피를 타주는 것이 아니라, 서로가 평화로운 방법을 선택하는 것이다. 원장님은 그러면 누그러진 얼굴로 알겠다고 하셨다. 그렇게 근무 시간 동안 서로 마음 불편한 시간을 길게 끌지 않아서 좋았다.

화내는 사람이 나보다 윗사람이라면 똑같이 화내기도 어려울 것이다. 그리고 화내는 사람이 성인이라면 화내는 기질을 스스로 바꾸고 애쓰지 않는 이상 쉽게 바뀌지 않을 것이다. 그럴 때 상대방이 화내는 마음의 본질에만 집중해보는 것이다. 그럼 그 사람이 화내는 이유만큼은 조금이라도 납득이 된다. 내가 납득이 되고 나면, 나는 덩달아 화내기보다는 상황을 객관적으로 바라볼 수 있게 된다.

그리고 상대방이 화내면서 전하는 메시지가 나에게 귀 담아 들을 만한 메시지인지 아닌지만 생각해본다. 그래서 내가 새겨들어야 하는 것이면 메시지 자체에는 수긍한다. '메시지를 전달하는 방식이 참 미성숙한 사람이구나.'라고 생각하고 메시지만 가져오면 된다. 하지만 메시지가 나에게 납득이 되지 않을 수 있다. 그런 경우, 상대방이 화났을 때는 내 얘기가 들리지 않을 테니 시간이 지나 상대의 기분이 차분해졌을 때 내 감정을 정리하여 전한다.

중국 출장을 갔을 때의 일이다. 내가 중국 사업자와 소통하는 과정에서 실수를 한 것이다. 그걸 알게 된 나의 상위 직급분이 나에게 화를 많이 내며 내가 제일 멍청한 것 같다고 크게 화를 내셨다. 안 그러셔도 내가 한 실수에 나 스스로 화가 나는데, 조직 내에서 인정받고 싶은 분에게 내 부족한 점을 보인 것도 화가 났다. 한편으로는 그렇게까지 화내실 일인가라는 생각에 또 화가 났다. 속이 상해서 잠을 이룰 수가 없었다.

비즈니스를 하다 보면 커뮤니케이션의 부재로 크고 작은 실수들이 생긴다. 그게 큰 매출의 손실로 이어지기도 하고, 그동안 노력해온 여러 사람의 시간과 비용이 거품이 되기도 한다. 특히 글로벌 비즈니스의 경우에는 더 그렇다. 그렇기 때문에 더 민감할 수 있는 사안이기에 그분은 답답한 마음과 다시는 그러지 않길 바라는 마음으로 나에게 화를 내셨을 것이다.

그렇게 내게 기분 나쁜 말을 하고, 감정적으로 화를 냈다고 해서 상대방이 내게 화낸 것만 마음에 담고 있으면 나의 사업은 클 수가 없다. 절이 싫으면 중이 떠나야 한다는 말처럼, 내가 윗사람을 바꿀 수 없으면 내가 떠나는 게 맞다.

내 자리를 떠나기 싫다면 기분 나쁜 감정에 침몰되어서는 안 된다. 실수를 빠르게 인정하는 편이 낫다. 같은 실수를 반복하지 않으면 된다. 그리고 내 실수를 쿨하게 인정하고 나면 상대의 감정 표현 방식을 어떻게 소화시키느냐만 남는다. 상대방에게 고마운 것에만 집중해본다. 분명 고마운 감정도 있을 것이다.

하지만 반복적으로 나에게 폭언을 하는 사람이 있다면 그건 바로 잡아야 한다. 한 번 그 폭언을 조용히 넘기면, 그 폭언의 강도는 더 세지고, 빈번해질 수 있다. 말이 통하는 사람이라면 그렇게 화를 낼 때마다 나의 주눅 드는 마음, 그리고 내 생활에 당신의 언행이 어떤 영향을 미치는지 정확히 알릴 필요가 있다. 나에게 그런 언행을 하지 말라고 단호하게 의사 전달을 해야 한다.

평소에는 좋은 사람이나 욱하는 마음에 화내는 사람들은 보통 자신이 화내고 돌아서서 후회한다. 그 사람이 시간이 지나서 후회하고 있을 때, 자신에게 그렇게 하지 말아달라고 진지하게 언급을 하는 편이 좋다. 나 역시도 나에게 반복적으로 화를 내는 사람에게 그렇게 화를 낼 때마다 내 마음이 좋지 않다고 정중하게 말을 한 경험이 있다. 진심은 통한다. 서로가 잘되기 위한 같은 목표를 가지고 나아가는 사이라면 반드시 불편해도 한 번은 짚고 넘어가야 한다.


우리는 모두 비판 받는 것에 대한 두려움이 있다. 나의 자존감이 송두리째 흔들리기도 하고, 자신감이 떨어지기도 한다. 특히나 나에게 모욕감을 주는 사람들과 계속해서 함께해야 하는 경우에는 더 그렇다. 그런 사람들에게서 나를 지키는 법은 그 사람에게 감정적으로 한 걸음 떨어져서 객관적으로 상황을 바라보는 연습을 하는 것이다. 화가 난 이유에 대한 근본적인 이유를 파악한다. 그리고 그런 성격을 가진 사람에 대한 안

타까움으로 바라보면 상대방이 내게 떨어뜨린 불덩이에 내 마음이 아프게 타들어가진 않을 것이다.

아무도 나의 가치를 함부로 재단하고 폄하할 수는 없다. 당신의 세상 단 하나의 존재이며 당신의 가치는 존재 자체로 빛난다. 특히나 이렇게 책을 읽으며, 자신의 마음을 성장시키고, 더 나은 미래를 꿈꾸며 사는 당신은 특히나 더 크게 가치를 실현할 것이다. 그런 당신의 마음이 다치는 환경에 지혜롭게 대응해보자. 당신의 자존감을 떨어뜨리는 사람을 드림 킬러라 여기고, 그들이 나를 휘두르는 데에 멋지게 대처하자. 더 성숙한 모습으로, 때론 단호한 모습으로.

# 내 감정은
# 내가
# 선택한다

애니메이션 〈인사이드 아웃〉은 수많은 아카데미에서 작품상을 받은 애니메이션이다. 모든 사람에게는 감정 컨트롤 본부가 있다는 상상력으로 기쁨, 슬픔, 버럭, 까칠, 소심 다섯 감정들이 열심히 일하면서 벌어지는 스토리다. 주인공이 태어날 때부터 귀엽게 캐릭터화된 다섯 감정이 주인공의 감정 컨트롤 본부에서 일하면서 겪는 좌충우돌을 그린 애니메이션이다.

드라마로도 방영된 인기 웹툰 〈유미의 세포들〉에서도 주인공들이 어떤 생각을 하고, 감정을 느끼고, 행동을 하는지 세포들이 일하는 모습으로 표현해서 재미를 준 작품이다. 유미가 충동구매 할 때는 소비 세포, 사랑에 빠졌을 때는 감성 세포, 식욕과 식탐을 담당한 출출 세포 등으로 감정들이 캐릭터화됐다.

이렇게 감정들을 하나의 캐릭터라고 생각해보자. 그럼 나는 어떤 캐릭터를 주인공으로 선택할 것인가. 자아 성장을 원하는 사람이라면 부정적인 감정은 전혀 도움이 되지 않는다. 부정적인 감정은 나의 드림 킬러다. 나도 한때는 내 꿈을 이루는 데에 방해만 할 드림 킬러를 열심히 키우고 있을 때가 있었다.

부정적인 감정이 원해서 생긴 게 아니라 다른 사람에 의해 어쩔 수 없이 생겼다고 반박할 사람도 있을 것이다. 그렇게 남 탓으로 돌리는 순간 내 감정을 내가 컨트롤 못 하고 계속 다른 사람에 의해 휘둘리게 된다. 성장하기로 마음먹은 사람이라면 부정적인 감정에 지배당하고 있을 시간이 없기 때문이다. 그러니 생각과 감정을 빠르게 긍정적으로 할 수 있어야 한다.


20대에 쓴 일기장을 보면 울적한 기분에 대한 일기가 가득하다. 지금 나의 20대를 돌이켜보면 딱히 슬퍼할 큰 이슈가 없는 평범하고 감사한 삶으로 기억되는 데도 불구하고, 그때의 나는 울적한 기분을 자주 느꼈다. 지금 생각해보면 감수성이 성장하는 시기였던 것 같다. 하지만 사회생활을 시작하면서 우울한 기분은 내 사업에 전혀 도움이 되지 않는다는

걸 알았다. 그래서 즐거운 기분 상태를 유지하기 위한 노력들을 꾸준히
해왔다.


내가 네트워크 마케팅을 사업을 하면서 느낀 점은 감정 조절을 잘하는
사람이 빠르게 성공한다는 거였다. 나 역시도 처음에는 사람으로부터 스
트레스가 있었다. 하지만 지금은 거의 없다고 해도 무방하다. 왜냐하면
나에게 부정적인 감정이 들게 하는 사람은 지혜롭게 거리를 둠으로써 나
의 긍정적 에너지에 영향이 오지 않게 한다. 또한 그 사람 자체로 받아들
이고, 긍정적인 영향을 주는 사람에게 빠르게 시선을 돌린다.

하지만 피치 못하게 계속 커뮤니케이션을 해야 하는 상대라면 그 사람
의 장점에만 주목한다. 그리고 그 사람이 나랑 맞지 않는 사람임을 인정
한다. 그 사람에게도 내가 그런 존재일 수 있다. 그렇다면 그냥 서로 적
당한 거리 유지를 하며 지내면 된다. 모든 사람과 잘 지낼 필요가 없다.
때론 '그냥 지내는 관계'도 있을 수 있다.

인간관계로 오는 스트레스에 집중하기보다는 내가 그 사람을 대하는
방법을 터득하며 성장하는 과정이라고 긍정적으로 생각한다. 나에게 힘
든 감정을 느끼게 하는 사람보다 더 멋진 나는 그 사람이 주는 감정에 머
물러 있을 새가 없다.


인생에 사랑을 빼고 이야기할 수 없다. 연인 간의 이별을 예로 들어보

자. 이별 앞에선 누구나 상실감, 허전함, 슬픔 등을 느낀다. 너무 자연스럽다. 하지만 이별 앞에서도 그 사람에게 고마웠던 것, 미안했던 것을 정확하게 인지해보자.

고마운 감정으로 그 사람의 미래를 축복한다. 얼마나 멋진가? 사랑했던 사람을 축복해줄 수 있는 마음, 그리고 미안했던 감정으로 내가 만나게 될 다음 사람에게 같은 행동을 번복하지 않겠다는 다짐을 하면 된다. 왜냐? 이미 헤어진 사이를 다시 이어붙일 것이 아니라면, 지난 인연에 연연하는 데에 시간을 낭비하지 않는 편이 좋다.

혹은 내게 진한 상처를 남긴 사람이 있을 수 있다. 아름다운 이별이 아니라 내게 배신감을 주거나 자존감을 해치는 이별을 했을 수 있다. 하지만 우리는 기억해야 한다. 그 사람은 다른 사람을 만나도 또 그렇게 행동한다. 내가 못난 것이 아니라 그 사람의 사랑하는 사람을 대하는 패턴이 문제다.

그러니 미워하는 데에 에너지를 쓰지 말자. 나의 안목이 없었음을 빠르게 인정하고, 지나간 사람을 미워할 에너지로 나의 성장을 위해서 무엇을 해야 할지를 찾자. 그렇게 나를 돌보는 시간을 가질 때 나와 잘 맞는 사람이 자연스럽게 내게 온다.

사랑하는 사람을 잃고 생기는 상실감, 우울함, 미움은 모두 내 성장을 위한 원료로 사용할 수 있다. 더 빛날 나의 모습에 대한 기대감으로 감정을 바꿔보자. 나를 온전히 사랑할 수 있을 때, 자존감 높은 연애도 할 수 있다. 나를 온전히 사랑하는 방법 중 하나가 내 감정을 컨트롤하는 것이다. 더 높은 수준의 내가 될 수 있도록 스스로 최상의 기분을 유지하는 것이다. 이별에 충분히 슬퍼했다면 이제 즐거운 기대감의 스위치를 켤 차례다.

내 MBTI 유형은 재기발랄할 활동가, ENFP이다. 인스타그램에는 각 MBTI별 특성을 나타내는 만화들이 자주 업로딩 된다. ENFP의 특징을 보니, 화가 마구 나 있다가도, 맛있는 만두 냄새만 맡아도 표정이 좋아지면서 '만두 냄새 좋다, 우리 만두 먹자!'라고 말할 수 있는 감정 회복 탄성력이 좋다고 설명되어 있었다. 그 장면에 진짜 공감했다.

나는 우울한 마음으로 운전하다가도 저녁노을이 너무 예쁘면 그 하늘에 심취하여 기분이 좋아지는 단순함이 있다. 이런 기질을 활용해서 우울한 기분에서 빠르게 감사함, 행복함으로 감정 스위치를 바꿔 켤 수 있게 됐다.

보고 싶은 TV 채널을 리모콘을 눌러 고르듯, 원하는 감정을 고를 수 있는 자유의지가 우리에게 있다. 사람 마음은 하루에도 12번이 바뀐다는 말이 있듯이 우리는 긍정에서 부정으로 부정에서 긍정으로 얼마든지 오갈 수 있다. 감정을 부정에서 긍정으로 바꾸는 쪽으로 연습하다 보면 어느새 부정적인 감정이 들면 금세 긍정의 사고회로가 돌아가는 경지에 이른다. 그래서 부정적인 감정이 나에게 3초 이상 머물지 못하게 된다.

　방법은 간단하다. 4가지의 방법을 추천한다.

　첫 번째로, 그럼에도 불구하고 감사한 것을 찾는 것이다. 나의 노하우는 "감사합니다." 다섯 글자를 소리 내어 먼저 말하고 나면, 내 뇌가 알아서 뭐가 감사한지를 열심히 찾아서 떠올려준다. 그러면 마음이 한결 편안해진다.

　두 번째로 확언을 몇 가지 알고 있으면 좋다. 확언이라 함은 나에게 긍정적인 영향을 줄 수 있는 문장을 확정지어 말하는 것이다. 예를 들어 "이 시련을 능히 해결할 수 있는 힘이 나에게 있다.", "새로운 기회가 내게 오고 있다.", "나는 운이 좋은 사람이다.", "돈이 나를 사랑한다." 등이다. 유튜브에 '긍정 확언'을 검색하면 도움을 받을 수 있다.

　세 번째는 유럽에서 도시락 체인 사업을 하여 영국 여왕보다 자산 순위가 높은 켈리 최 회장님이 추천한 방법이다. 부정적인 마음이 들면 고개를 흔들어 생각을 튕겨낸다고 한다.

　네 번째는 하루 시작을 신나는 음악과 함께 간단한 스트레칭을 해보는 것이다. 우리 회사의 이진기 회장님은 회사 초창기에 강의를 했을 때 하루의 시작을 신나는 음악에 간단한 운동을 하며 하루 기분을 업 시킨다고 하셨다.

이렇듯 생각보다 간단한 방법으로 내 감정 스위치를 바꿔 켤 수 있다. 처음부터 쉽지는 않을 수 있다. 부정적인 감정에 익숙하게 젖어 있는 상태에서는 내가 원하는 감정을 고르기까지 훈련이 필요하다. 감정을 스스로 고를 수 있다는 것을 인식하는 것만으로도 변화는 시작 된다.

우리는 매일 입을 옷을 고른다. 그리고 매일 식사 메뉴를 고른다. 그렇게 우린 뭐든 고를 수 있다. 내 감정도 내가 직접 고를 수 있다. 선택도 습관이다. 그러니 긍정의 감정을 선택하는 것이 익숙해질 만큼 훈련해보자.

간혹, 슬픈 감정에 흠뻑 취해 고독과 쓸쓸함을 느끼고 싶어 하는 사람들이 있다. 그 감정이 어떠한 예술혼을 불러일으키는 데에 사용된다면 그 감정을 골라도 좋다. 그런 것이 아니라면, 우리는 최상의 기분으로 최고의 결과를 내보자. 감정은 습관이다. 꿈을 이뤄가는 즐거운 감정이 여러분의 매일매일을 단단하게 지켜주기를 바란다.

# 과거에서 벗어나
# 진짜 나를
# 찾는 순간

행복했던 추억이 우리를 지탱하게 만들기도 하고, 열심히 사는 원동력이 되어주기도 한다. 과거에 치열하게 열심히 살았던 내가 있기에 지금의 만족스러운 내 모습이 있을 수 있다. 하지만 때론 돌아갈 수 없는 과거에 붙잡혀서 더 이상 앞으로 나아가지 못하고 시간을 허비하는 사람들이 있다. 인과법칙에 매달려 과거의 불행했던 기억 때문에 지금의 내가 행복할 수 없다고 생각한다.

지금의 내 모습이 과거의 특정 사건에 의해 이렇게 되었다고 생각하고 책망하며 시절을 허비하는 사람들이 있다. 유년 시절, 가정에서 온전한 사랑을 받지 못했던 친구들이 부모님에 대한 원망하는 마음을 져버리기 어려운 경우를 많이 봤다. 내가 택하지도 않은 가정에서 태어나서 경제적, 정서적인 스트레스를 받으며 자란 경우 그 어린 날의 숱한 상처를 쉽게 어루만지긴 어려울 것이다.

하지만 우리는 선택할 수 있다. 내 잘못으로 생기지 않은 일이 계속 발목을 잡도록 둘 것인지, 끊어내고 내가 개척할 수 있는 삶에 집중할 것인지 선택하면 된다. 선택이 불가능하다고 생각하겠지만 내가 후자를 선택하는 순간 나를 둘러싼 상황을 오래도록 억울했던 내 마음에서 해방시켜줄 수 있다.

과거의 일들은 내가 원치 않은 사건들의 연속이었을지라도, 지금 이 순간부터 내가 바라는 모습으로 내 모습과 상황을 만들어나갈 수 있다. 살던 대로 답습하지 않겠다는 확실한 신념만 있다면 과거에 어떠한 모습, 환경일지라도 내가 원하는 모습으로 완벽히 도약할 수 있다. 오히려 과거의 시련이 있었기에 성공의 가치가 더 빛나는 사람들도 많다. 재벌가의 CEO보다 자수성가한 부자들이 더 사회적으로 영향력 있지 않은가.

미국의 가장 영향력 있는 방송인으로 꼽히는 오프라 윈프리는 사생아로 태어났다. 그리고 감자 포대로 옷을 만들어 입어야 할 만큼 가난한 할머니 밑에서 유년기를 보냈다. 할머니가 돌아가신 뒤 아홉 살 어린 소녀는 청소부로 일하는 엄마랑 살게 되고, 그 당시 사촌 오빠, 친척, 엄마의 지인으로부터 성적인 학대를 받게 된다. 이렇게 끔찍한 일마저 엄마에게 털어놓지 못하고 삐뚤어지기 시작하고, 열네 살 아빠가 누군지도 모르는 아이를 임신하기도 했다고 한다. 하지만 그녀는 친부를 만나서 다시금 인생을 재설계할 수 있게 보호받기 시작했고, 마야 안젤루의 『새장에 갇힌 새가 왜 노래하는지 나는 아네』라는 책을 읽고 큰 위로와 가난과 인종으로부터 극복할 수 있는 동기 부여를 받게 된다.

이때부터 그녀는 다른 사람들에게 용기와 자신감을 줄 수 있는 말과 미디어의 힘을 믿게 됐다고 한다. 그녀가 자신의 불행했던 과거만 생각했다면 지금의 성공과 영광 그리고 많은 여성과 흑인들에게 롤 모델이 될 수 없었을 것이다.


"상처를 지혜의 초석으로 삼으라."


그녀의 명언처럼 그늘 없는 사람은 다른 사람의 그늘을 이해하지 못한다. 그녀가 토크 쇼에서 다른 사람의 아픔을 공감할 수 있는 능력은 자신의 어릴 적 상처에서 비롯되었을 것이다. 그러니 자신의 아픔을 지혜의 초석으로 삼을지, 아니면 내 삶을 망치는 원인으로 삼을지는 선택해야 한다. 그리고 당신의 상처가 당신만의 스토리가 되고, 무기가 되고, 브랜딩이 될 것이다.

우리가 과거에서 벗어나 변화된 미래를 만들어내겠다고 결정하는 순간부터 변화는 시작된다. 생각이 변화함에 따라 우리를 둘러싼 모든 상황이 마법에 걸린 것처럼 바뀌기 시작할 것이다. 나 역시도 사업을 진행하며 어려운 상황에 매달려 있다가 이미 벌어진 일들을 모두 털어내기로 결심했다. 그리고 현재 상황을 직시하고, 처음부터 다시 세팅하기로 마음먹었을 때부터 저절로 사업이 커져가는 것을 느꼈다.

최근 함께 사업하는 동생 D에게도 그 마법 같은 일이 일어났다. 목표 달성을 위해 달리는 과정에 자신의 유년 시절 가족으로부터 받았던 상처에서 벗어나기 힘들어했던 그녀는 목표에만 집중하기로 선택했다. 자신의 힘들었던 과거는 지나갔고, 새로운 미래를 스스로 만들어내겠다는 결단을 한 것이다.

그러면서 어머니에게 불평하는 마음이 아닌 어떻게 하면 어머니와 사이가 좋아질 수 있을지 생각하고 하나씩 실천했다. 어머니에게 자신의 마음이 왜 엄마로부터 상처를 받는지 그 솔직한 심정을 표현하기도 하고, 둘만의 데이트 시간을 확보하는 노력을 했다. 그 방법으로 어머니와의 관계도 점차 나아졌다고 했다. 그리고 자신이 다른 사람들을 눈치 보던 것에서부터 벗어나, 나 자체로 사랑받고 격려 받을 수 있다는 것을 알게 됐다고 했다. 그녀는 자존감이 급속도로 올랐고, 또한 사업에서도 승승장구할 수 있었다. 이제 그녀는 인생의 가장 큰 숙제를 해결했으니, 자기 자신을 완전히 믿고 자신이 원하는 것들 다 가질 수 있는 힘을 갖게 된 것이다.

반대로 과거의 영광만 들추며 자기 자랑을 하는 사람들을 만날 수 있다. 과거에는 자신이 대단한 자산가였고, 어떤 사업을 했는지 묻지도 않았지만 습관처럼 자신을 설명하는 사람들이 있다. 하지만 화려했던 과거에 비해 현재의 모습은 그렇지 못한 경우가 많다. 현재의 자기 모습이 마음에 들지 않으니 어떻게든 자신을 인정해달라고 설명하는 것 같아 보여서 안타깝게 보이기까지 한다. 지난날의 영광에만 머물러 현재의 자신에게 집중하지 못하는 사람들은 미래를 잃게 된다.

나는 "난 원래 이래."라는 말을 경계하며 산다. "원래 이러니까 당신이 이해해라." 그리고 "원래 이러니까 난 어쩔 수 없어."라는 식의 사고방식은 굉장히 무책임하고, 나를 더 성장시키는 것을 방해만 할 뿐이다. 과거로부터 만들어진 내 모습이 어떠하든지 간에 마음먹기에 따라 바뀔 수 있다. 그럼에도 불구하고 '원래 나는 이렇다'라고 규정짓고 변화하기를 거부한다면 원활한 대인관계에 있어서도 어려움이 있을 것이며, 다채로운 내 모습을 마주하지 못한 채 스스로 박제해놓은 이미지에 갇혀 살게 될 것이다.

과거를 놓아주지 않으면 미래가 나에게 올 틈이 없다. 앞으로 남은 인생을 어떻게 가꾸어나갈 것인가가 지나온 인생이 어땠는지 보다 중요한 건 당연하지 않은가. 당신은 어떤 라벨을 스스로에게 붙이고 살아왔나. 혹은 스스로에게 '셀프 이미지'라는 것 자체가 없을 수도 있다. 나 역시도 나라는 사람이 어떠한 모습으로 살아가고 싶은지 명확한 이미지가 없었다. 추상적으로 '사람들과 잘 지내고 싶다.', '선한 영향력을 나누고 싶다.' 정도의 막연한 바람이 있었다.

하지만 진정한 성공자로 살기 위해서는 내가 이미 되고 싶은 내 모습, 내 마음속에서 염원하는 진정한 내 모습을 가슴에 품어야 한다. 그렇게 구체적으로 내가 되고 싶은 나를 구체적인 '셀프 이미지'로 만들어낼 줄 안다면 더 이상 과거의 내 모습이 어떠했든지 아무 상관이 없다.

과거에는 잘났지만, 지금은 못난 것 같아 힘들어하는 사람들도 내가 자랑스러웠던 과거의 모습보다 더 멋진 미래의 나를 설정하고 그렇게 되기 위해 노력하면 노력하는 나 자신에 대한 자랑스러움이 생길 것이다. 그렇다면 지금의 나 자신에게 만족하게 되고, 과거의 영광을 찾기보다는 대견한 지금의 나와 내가 미리 그려놓은 앞으로의 내 모습만 남게 된다.

나는 프로다운 사업가의 모습과 세계를 여행 다니며 책을 쓰는 작가의 모습을 상상한다. 사업할 땐 프로페셔널하게 통찰하고 실행한다. 또한 문학을 집필할 때는 자유롭게 상상하고 펼쳐나간다. 나는 나의 자아가 자유롭게 표현되어지는 삶을 지향한다. 어떠한 것도 당신의 발목을 잡을 수는 없다. 당신은 어떤 자아를 꿈꾸고 있는가.

- 3장 -

남을 위한
착한 사람보다
**나를 위한
좋은 사람이 되라**

# 인정만 받고 싶던
# 마음을
# 알아차리다

우리는 어려서부터 "너 자신으로 살라"는 말보다는 "옳지, 이렇게 해야 착하지.", "이렇게 하면 혼나"와 같은 말을 부모님으로부터 듣고 자란다. 우리는 본의 아니게 내가 사랑하는 부모님에게 어떻게 하면 칭찬 받을 수 있고, 혼나지 않는지에 민감하게 훈련되어진다. 칭찬을 들을 때는 기분이 좋지만, 질책을 들을 때는 기분 좋을 리는 없다. 그러다 보니 질책은 피하고 싶고, 칭찬만 듣고 싶은 내 속의 어린아이가 성인이 되어서도 남는다. 그래서 성인이 되어서도 인정을 받는 것에만 포커스를 맞추고 성장하기도 한다.

나는 그래서 늘 "잘했다"는 소리만 듣고 싶었던 사람이다. 내가 못한 부분을 지적받는 것이 달갑지 않았다. 잘했다는 소리만 듣기 위해 노력한 나이기에 쓴소리를 듣는 것이 불편했다. 하지만 사업을 하면서 처음 하는 일을 당연히 잘할 수 없다는 것을 알아가고, 더 잘하기 위해서는 쓴소리를 귀담아 들어야 발전이 있다는 것을 알기 시작 했다. 그리고 발전을 위해서는 피드백을 들어야 한다는 것을 머리로만 알고 있을 때와 진심으로 듣고 실천해보고자 결심을 했을 때는 완전히 다른 결과를 만들어 냈다.

내가 한창 사업을 열심히 진행하고 있을 때 규리 마스터는 너무 딱딱하게 사업을 한다는 피드백을 대표님으로부터 들었다. 나이답지 않게 너무 각을 잡고, 틀에 갇힌 판 두부 같아 보인다고 하셨다. 대표님의 피드백이 기분 좋지 않았다. 그래서 계속 "제가요?", "아닌데."라는 대답을 했다. '이렇게 열심히 하고 있는데 내가 그런 모습으로 밖에 안 보이신다니.' 하며 대표님께 야속한 마음도 들었다. 하지만 대표님은 내가 잘되길 바라시는 분 중에 한 분이신데 내가 그렇게 보인다면 어디서부터 어떻게 바뀌어야 할지 질문이 생기기 시작했다.

그래서 바꿔보기 시작한 것이 'OO 님'에서 'OO 언니'라고 부르는 것부터 시작했다. 친근한 동생, 조카처럼 소통하면서도 얼마든지 비즈니스를 할 수 있는데 너무 각 잡힌 호칭으로 딱딱하게 사무적으로 대하는 것이 인간미가 없다는 것이었다. 그리고 호칭이 편해지니 더 즐거운 소통을 할 수 있게 되었고, 나다운 말씨와 나다운 성격을 드러낼 수 있었다. 그러니 일이 더 재밌어지고 함께 하시는 분들도 나를 편하게 대하면서 일의 성과가 더 올랐다. 그 뒤로는 내게 해주시는 피드백을 더 열린 마음으로 들을 수 있었고, 감사한 마음을 갖게 되었다.

무슨 일을 하든지 선배로부터 지적을 받는 것이 당연하다. 처음부터 완벽한 사람이 없기 때문이다. 그러면서 일을 배워하는 건데, 그 조언을 진심으로 받아들이기보다는 내가 혼났다는 생각이 더 강하게 들기도 했다. 그래서 조언의 메시지보다 내가 일을 잘하지 못하고 있다는 상황에 더 집중하여 속상하고 상처받는 날도 있었다.

하지만 그렇게 나를 위해 조언을 해주는 사람이 있다는 것은 차라리 다행이라는 것을 알게 됐다. 더 바르고, 빠른 길을 알려주는 사람 없이 자신의 힘만으로 길을 개척해나가야 하는 사람들이 있다. 자신이 잘하고 있는 것인지, 못하고 있는 것인지 피드백도 못 받으면서 그냥 남들이 으레 하는 잘한다, 잘한다 소리에 정말 자신이 잘하고 있는 줄 알고 안도하며 지내는 것보다 적나라한 비평을 받는 편이 훨씬 낫지 않는가?

가끔 식당에서 밥을 먹어보면 정말 맛이 하나도 없는데 버젓이 가게를 차리고 식당을 운영하는 사장님들이 계신다. 그분들을 보면, 이분들에게

이 정도의 음식 솜씨로도 식당을 차려도 좋다고 생각하게 만든 주변 사람들이 너무하다는 생각을 한다. 그리고 그 사람들의 식당에 와서 밥을 먹고 간 지인들이 진심 어린 조언을 해주지 않고 그냥 한 번 팔아주고, 잘 먹었습니다 하는 말로 끝내버린다면 그들은 영원히 자신들의 음식에 어떤 것이 문제인지 전혀 파악할 수 없을 지도 모른다.

만약 그들에게 백종원 같은 음식점 사업의 전문가가 나서서 음식의 맛과 서비스, 식당 마케팅 상태까지 점검해준다면 그들의 매상은 이전과는 달라질 것이다. 하지만 그들이 그런 피드백을 들을 준비가 되었는지도 중요하다. 자신을 평가하는 말 특히나 부정적으로 평가하는 말을 들으면 예민하게 반응하는 어리석은 마음이 있는 사람은 결코 성장할 수 없다.

그래서 백종원의 〈골목식당〉을 보면 매상이 안 좋은 식당 사장님들에게 아무리 열심히 피드백을 해줘도, 그때는 듣는 것처럼 행동하지만 시간이 지나서 재방문하면 예전으로 돌아간 사례가 많다. 그들은 자신을 위해 해준 쓴소리를 진심으로 듣지 않은 것이다. 그저 듣는 척을 했을 뿐이고, 그러니 그들의 매상에는 변화가 없으니 삶에 도약이 일어나지 않는 것이 당연하다.


넷플릭스는 솔직한 피드백을 받아들이고 더 높은 성과를 향해 달릴 수 있는 능력 있는 직원을 우선 고용하라는 지침이 있다고 한다. 솔직한 피드백에 상처받기 쉬운 평범한 사원들이 회사에서 솔직하게 말할 수 있는 문화를 만들려면 피드백을 잘하는 것보다 피드백을 받는 연습부터 되어 있어야 한다고 세계경영연구원 김용우 교수는 이야기한다.

그렇다면 인정만 받고 싶은 마음을 내려놓고 나를 위한 모든 피드백을 수용하기 위한 연습은 어떻게 해야 할까?

먼저, 사람은 모두 완벽하지 않다는 것을 인정하는 것이다. 우리 모두 실수할 수 있고, 원하는 바를 단번에 이룰 수 있는 사람은 없다. 모두가 성공을 위한 과정이 필요한 취약한 존재들이다. 그런 우리들에게 완성되어가기 위한 과정에 서로의 조언은 불가피하다. 그러니 나에게 조언을 해주는 사람이 있다면 오히려 그건 내가 더 잘되길 바라는 고마운 사람일 것이다. 나를 무관심하게 대하고 내가 듣지 못하는 곳에서 나를 평가하는 것이 더 불쾌하지 않을까.

두 번째로 메시지에 집중하여 나에게 정말 필요한 말인지를 점검하는 것이다. 상대방이 격양된 어조로 나에게 피드백하면 아무리 좋은 조언이라도 조언처럼 들리지 않을 수 있다. '이게 이렇게까지 화낼 일인가.'라는 생각에 멈춰져서 조언을 듣고 싶어지지 않을 수 있다. 그럴 때에는 당신이 나에게 하고 싶은 말이 이것이 맞냐고 메시지만 체크할 수 있도록 되물어보는 것이 좋다. 그래서 그 조언이 내 성장에 도움이 되나 안 되나만 생각해보는 것이다.

세 번째 방법으로는 내가 먼저 피드백을 요청하는 것이다. 내가 봤을 때 객관적으로 나에 대해 조언을 해줄 수 있는 사람에게 내가 무엇을 더 하거나, 덜하면 성장할 수 있을지 의견을 달라고 말한다.

나를 평가하는 말에 대해서는 최대한 피하고 싶은 것이 모두의 솔직한 심정일 것이다. 하지만 나를 변호하기보다는 열린 마음으로 내가 그렇게 보여질 수 있음을, 내가 만든 결과물이 아직은 부족할 수 있음을 인정하고 더 변화된 모습을 보여주려고 애쓴다면 당신을 더 멋지게 보게 만들 것이다. 당신이 다소 높은 직책을 맡고 있다면 직위와 상관없이 끊임없이 성장하려고 노력하는 모습을 보인다면 이 또한 다른 사람들에게 귀감이 되기도 한다.

우리의 끝이 지금이 아니기에 더 높은 목표가 있을수록 인정해주는 말에만 귀 기울이고 성장을 멈추는 우를 범하지 말자. 더 높은 곳으로 오를수록 더 많은 사람들이 우리를 지켜보게 될 것이고, 우리에게 기대하는 기대치만큼 다양한 피드백이 나올 수밖에 없다. 하지만 우리가 어디에 중심을 두고 피드백을 듣느냐에 따라 그것은 우리 성장을 가속화시키는 최고의 힌트가 될 수 있다.

# 타인의
# 시선에서
# 자유로워지다

우리나라는 다른 나라보다 타인의 시선을 많이 신경 쓰며 사는 문화가 있다. 그래서 집은 허름하게 살더라도 차는 좋은 차를 타야 하고, 브랜드 로고가 잘 보이는 옷을 입고, 할부로라도 명품 가방을 사서 든다. 그만큼 나의 가치가 보이는 것으로 측정된다고 믿기 때문이다. 그래서 다른 나라보다 결혼 문화도 성대하다. 화려한 예식 홀에서 화려한 드레스를 입고, 예물로 무엇이 오고갔는지 신경 쓴다.

반면에 서양은 자신의 마음이 편하고 행복하면 그걸로 충분하다는 식이다. 결혼식도 원하는 장소에서 입고 싶은 드레스를 입고 좋아하는 사람들과 즐거운 파티처럼 진행된다. 정말 자산가들은 자산의 정도와는 상관없이 자신이 손에 많이 가는 옷을 입고, 자신이 좋아하는 차를 탄다. 예를 들어 페이스 북의 창립자는 세계적인 부자임에도 불구하고 회색 후드를 즐겨 입는다. 그렇다고 해서 그의 부가 사라지는 것은 아니지 않는가. 그렇게 오히려 큰 부자일수록 드러내기보다는 다른 가치를 생산하는데 에너지를 쓴다.

우리나라는 타인의 시선을 많이 의식한다는 것이 SNS에서 티가 많이 난다. 자신의 실제 키보다 더 커보이게 사진을 찍고, 포토샵을 사용해서 얼굴을 고친다.

그리고 좋아요 수와 팔로워 수를 신경 쓴다. 나도 한때는 팔로워 숫자를 늘리고, 좋아요 숫자를 늘리기 위한 노력을 했었다. 하지만 그런 숫자는 무의미하다는 것을 알게 된 순간 내가 정말 홍보가 되어야 한다고 생각되는 게시물에만 필요한 해시태그를 건다. 숫자에 연연하는 것은 부질없다는 것을 하면서 깨달은 것이다.

타인의 시선에서 자유로워진다는 건 오롯이 내 주관대로 선택하고 표현할 자유를 의미한다. 하지만 이렇게 내 주관을 자유롭게 표현하기 위해서는 높은 자존감이 필요하다. 즉 자아 존중감이 높아야 한다. 나의 생각을 믿어줄 수 있어야 내 생각대로 말하고 행동할 수 있는 것이다.

윤지영 작가의 『초등 자존감 수업』에서는 자존감과 자존심을 이렇게 표현했다.

"자존감이란 자신감과 자기 가치감이 합쳐져서 만들어진다. 자기 스스로를 능력 있고 소중한 존재라 여기는 마음, 스스로에 대한 신뢰를 말한다. 자존감은 자신이 스스로에게 내리는 평가이기 때문에, 결국 자신을 어떻게 바라보는지로 결정이 된다. 그런데 자존심은 타자가 나를 어떻게 보느냐에 따라 달라진다. 나를 무시하거나, 존중하지 않거나, 대접해주지 않으면 자존심이 상한다. 자존감이 높을수록 타인으로부터 부정적 피드백에도 쉽게 마음이 상하지 않고 잘 넘긴다. 즉 자존감이 높으면 자존심이 상할 일이 줄어드는 것이다. 내가 자신에 대해 신뢰하고 있고 나를 내가 존귀하게 여기기 때문에, 자존감이 높을수록 타인의 시선이나 평가에서 어느 정도 자유로워질 수 있다."

타인의 시선으로부터 자유로워지기 위해서는 첫 번째로 필요한 것이 내가 나를 귀하게 여기는 마음이다. 내가 다른 사람의 시선이 잣대가 되어 평가 당하게 두지 않는 것이다. 나는 누군가로부터 평가받을 만한 존재가 아니라, 나 자체로 충분히 귀하고 나는 나의 가치관으로 내 삶을 채워나간다는 마음이 생기는 순간 더 이상 타인의 시선에 좌지우지되지 않는 단단한 중심이 생긴다.

타인의 시선으로부터 자유롭게 나의 의견을 밝히고 나를 드러낼 줄 아는 것이 멋지다. 즉, 타인의 눈보다 내 마음속 목소리에 귀를 기울여보는 것이다.

'나를 어떻게 생각할까?'를 의식하는 순간 모든 행동이 부자연스러워진다. 당신은 당신 자체로 살아갈 때 가장 빛난다. 유일한 존재가 된다. 그러니 남들이 다하는 것이라고 해서 내게 맞지도 않는 것을 억지로 따라 하려고 할 필요가 없다.

즉, 내 안의 목소리에 충분히 귀 기울여서 만들어낸 나만의 기준이 필요하다. 행복의 정도를 측정하는 기준이 남에게 있으면 남이 사는 대로 나도 따라 살려고 하게 된다. 그러니 내가 어떠한 시간에 행복한 사람인지 아닌지를 구분해야 한다. 남이 해서 좋아 보이는 것을 따라 하는 것이 내게도 행복이 맞는지 판단해야 한다. 남들에게 보여주기 식으로 나를 끼워 맞추는 것이 아니라 나의 기준에 맞게 나를 개발해 나가야 한다.

나는 박진영이 작곡 활동에 집중하기 위해서 옷을 고민할 필요 없이 같은 옷을 여러 개 사서 세팅해놓고 눈 뜨는 대로 입고 출근하는 일을 오랫동안 반복했다는 것에서 놀랐다. 박진영은 예술가이고, 경제적으로도 부유하지만 남들에게 보이는 것보다는 자신이 어디에 지금 우선순위를 두고 가치를 두느냐에 따라 남들의 시선으로부터 자유롭게 패션을 선택한 것이다.

다른 사람이 나를 어떻게 보는지 집중하는 태도 때문에 나의 일상에 오롯이 집중하지 못하는 사람들이 있다. 내가 어떻게 보일지 평가받는 것에 집중된 삶이다. 그렇게 되면 낭비되는 시간이 분명 생긴다. 나의 알맹이가 성장하도록 써야 할 시간을 다른 사람들의 시선을 의식하여 나의 껍데기를 포장하는 데에 쓰는 것이다. 내가 진심으로 행복하지 않은 것에 시간을 쓰게 될 것이다.

만약 당신이 SNS를 하는 것이 나에게 플러스 요인이 아니라 정신적으로 마이너스 요인이 더 크다고 느껴지면 과감하게 멈추는 결단도 필요하다. SNS는 누군가에게는 자신이나 기업을 홍보하는 수단이 되기도 하고, 필요한 정보를 얻는 유익한 기능이 있는 반면에 내가 보고 싶지 않은 다른 사람들의 라이프 스타일까지 봐야 하는 단점이 있다. 그리고 정말 당신이 하고 싶은 일이 생겼을 때 돌이켜보면 당신이 낭비한 시간이 SNS를 들여다보는 시간으로 할애했음을 알게 될 것이다. 그 시간에 당신의 알맹이를 가꾸는 데에 써보자. 더 생산성 높은 일들을 해낼 수 있을 것이다.

온라인 속에서 잘 사는 것보다 오프라인 속에서 잘 사는 것이 필요하다. 내 진짜 자아가 진심으로 행복하게 살아갈 수 있을 때 더 긍정적인 삶의 변화가 일어난다. 행복지수도 자산의 종류 중 하나다. 당신이 진심으로 행복하다는 건 다른 의미로 자산의 가치가 커진 것이다. 당신 마음의 평안을 얻었으니 그것은 경제적 가치로 측정할 수 없는 값진 것이다. 그리고 실제로 마음의 평안과 기쁨이 있는 사람에게 부의 기회가 온다.

당신이 타인의 시선을 의식해 힘들어하는 동안 망가진 마음이 있다면 이제는 결단해야 한다. 내 자아가 다른 사람의 기준에 의해 흔들리게 방치하지 않겠다고. 내 자아를 지킬 수 있는 건 오로지 나 자신이다. 타인의 시선을 의식한다는 것은 아무도 당신을 괴롭힐 생각이 없었는데 나스스로가 자신을 괴롭히는 바보 같은 행동이다.

자존감은 나와의 관계다. 나 자신과의 관계가 좋은 사람은 스스로가 괴로워지도록 내버려두지 않는다. 나 자신이 너무 소중하기 때문이다. 반대로 자존감이 낮다는 건 나 자신을 초라하게 여기기 때문에 일부러 더 나를 포장하려고 하는 것일 수 있다. 있는 그대로 나를 드러내기가 창피한 마음인 것이다. 나 자신을 초라하게 보는 마음은 결국에는 언행에서 드러나게 되어 있다. 내가 나를 귀하게 여기지 못하고 초라한 존재로 여기는데 당신 안의 거인을 어떻게 꺼내서 당신의 추구하는 삶에 가깝게 살 수 있을 것인가?

내 안의 진짜 거인을 꺼내는 방법은 나를 믿어주고 나의 가치를 크게 봐주는 나와의 관계성에서 시작된다. 남의 시선을 신경 쓰는 사람은 남의 인생을 사는 것이다. 이제 있는 그대로의 나를 믿어주고 내 가치관대로 자유롭게 살아가자. 그렇게 자유로움을 느낄 때 진짜 내 안의 거인을 만날 수 있을 것이다.

- 03 -

# 하지 않고 하는
# 후회가
# 더 크다

영화 〈스타워즈〉 속 요다의 명언이 있다.

"DO. OR DO NOT. THERE IS NO TRY(하거나, 하지 않거나야.
해본다는 건 없어)."

해볼 거라는 말로 긴 시간 지체된 당신만의 목표가 있지는 않은가?

나는 운동을 10회를 끊고 3번을 가더라도 등록을 하지 않는 것보다 낫
다고 생각하는 편이다. 그렇게 해보니 나는 돈을 투자한다고 해서 무조
건 운동을 하는 사람이 아니라는 것도 알게 되고, 몇 번의 운동 속에서도

그 운동이 가진 주요한 특징은 글이 아닌 몸으로 체험하게 된다. 그래서 백 마디 한다 한다 보다는 일단 저지르고 조금이라도 경험하는 쪽을 선택한다.

경험에는 힘이 있다. 한 번의 경험은 백 번 읽는 글보다 효과가 크다. 사랑이라는 감정을 직접 겪어본 사람이라면 사랑을 문학으로만 접한 사람도 사랑을 아는 것이라는 말을 납득할 수 있겠는가. 그 보고 싶은 마음, 떨어지지 않은 마음, 전화기가 뜨겁도록 붙들고 있는 마음 그런 마음들을 어떻게 글로 배운 사람이 알 수 있을까. 그러니 뭐든 두려워 말고 도전해봐야 한다.


오드리 햅번은 자신이 준비되지 않았을 때 무용을 했고, 준비가 되지 않았을 때 연기를 해야 했다고 인터뷰했다. 하지만 그녀는 결국 전 세계적으로 사랑받는 아티스트가 되었다. 그녀가 자신에게 모든 것이 준비되고 난 뒤에 뭔가를 시작하려고 했다면 지금의 그녀를 우리가 알지 못했을 수도 있다. 사랑스러운 〈로마의 휴일〉의 여주인공을 다른 여배우가 촬영했을 수도 있는 것이다. 그렇게 우리는 기회가 왔을 때 일단 잡는 힘이 필요하다.

기회의 신은 머리카락이 앞에만 있고 뒤통수에는 없다고 하지 않는가. 기회가 지나가고서야 그게 기회인 줄 알지만 잡으려 해도 잡을 수가 없다. 그러니 당신에게 주어진 기회가 있다면 두려워도 경험해보길 추천한다. 당신이 능히 해낼 수 있는 사람이기에 그 기회가 당신에게 온 거고, 당신의 눈에 들어온 것이다.

소원을 백 번씩 쓰는 것을 많은 성공자들이 추천한다. 과연 백 번씩 쓰기만 한다고 그 소원이 이루어질까. 나는 아니라고 생각한다. 그렇게 백 번 쓰라고 하는 이유는 잠재의식에 용기와 믿음을 불어넣어주고, 그 소원에 집중하는 힘을 줌으로써 나의 행동이 그 소원에 가까워지게끔 움직여지게 하는 힘이 있는 것이다. 그러니 결국엔 모든 것은 액션이 필요하다. 레디만 백날 외치면 어떠한 장면도 촬영될 수 없는 게 영화다. NG가 나더라도 '액션!'을 외쳐야 하는 것이다. NG가 나더라도 더 좋은 장면이 나올 수 있도록 계속 Keep Going(킵 고잉) 하면 된다. 좋은 장면이라는 목표가 뚜렷하기 때문에 그 목표에 도달할 때까지 계속 촬영하면 되는 것이다. 그게 하루가 걸리든, 며칠을 걸리든 무슨 상관인가. 그 목표만 달성되면 되는 것 아닌가.

시도했다는 것 자체가 주는 흥분이 있다. 완벽하기 위해서 받는 스트레스보다 시도했다는 것이 주는 성취감이 있다. 완벽하지 않아도 좋다. 내가 지금 쓰고 있는 이 책도 나는 전문적으로 글을 배운 사람이 아니다. 인생을 통달한 사람도 아니다. 다만 자존감이 낮아 사랑이나 일에 있어 어려움을 겪었던 사람으로서 지금의 나는 어떻게 자존감을 회복했는지 그 방법을 소개하고 싶어서 책 쓰기를 시도한 것이다. 그리고 이 시도가 완벽했다고 장담할 수 없다. 최선을 다했을 뿐이다. 언젠간 작가가 되어야지 하는 막연함을 떨치고 실천했다는 것에 감사할 뿐이다.

당신도 마음에 품고 있는 목표가 있다면 그 결과가 어떻든 하늘의 뜻에 맡기고 최선을 다해 시도해봤으면 좋겠다. 그 기분 좋은 시도가 당신을 생각지도 못한 멋진 곳으로 데려다 줄지 어떻게 아는가.

나는 '계기'라는 단어를 좋아한다. 나는 어떤 계기에 의해서 인생이 흘러가는 방향이 크게 바뀔 수 있다고 믿는 사람이다. 나는 중학교 1학년 때부터 카피라이터가 꿈이었다. "잘 자~ 내 꿈 꿔.", "네들이 게 맛을 알아?", "생각대로 T" 등 짧은 문장이 주는 울림과 사회적 파급력이 너무 멋지다고 생각했다.

그래서 마케팅을 배우고자 경영학과를 진학했더니 마케팅 수업은 아주 일부고, 경영의 광범위한 것을 배워서 내가 원하는 꿈에 가깝지 못하다고 판단했다. 다행히도 내가 다니던 대학교는 실기를 보고 입학해야 하는 예술대임에도 불구하고 문예창작과는 타과생의 복수전공을 허용했다. 그래서 글쓰기를 배우기 위해 문예창작 수업을 듣기 시작했다.

한 수업에서 공모전에서 수상을 하면 A+를 주겠다는 교수님 약속이 있었다. 그래서 공모전을 알아보던 중 환경부에서 주최하는 공모전을 찾게 되었고, 결국 동화 부문으로 수상을 하게 되었다. 그 계기로 나는 동화 쓰기의 재미를 알았고, 그 뒤로도 아동문학에 대한 애정이 식지 않았다.

대학 졸업 후 작가가 되기 위해 글쓰기를 공부하는데, 경제적인 자립이 되지 않자 집에서 눈치가 보였다. 그래서 돈을 벌면서 글쓰기를 해야겠다고 다짐할 때 나에게 네트워크 마케팅이라는 사업 기회가 찾아온 것이었다. 보상플랜을 워드로 작성해주는 심부름을 하는 계기로 나는 시간을 자유롭게 쓰면서 월급만큼의 소득을 벌 수 있는 일이 있다는 것을 알게 되었고, 덕분에 지금의 사업가의 모습을 갖출 수 있게 되었다.

이렇게 시절의 계기들이 나의 진로의 방향을 바꾸게도 해주고, 사업을 하며 만난 인연으로 책도 쓰게 되었다. 이렇게 액션 사이사이에는 계기가 생긴다. 뭔가를 '하는 동안' 새로운 기회가 열린다. 집에만 가만히 있으면서 '언젠간 해봐야지.', '해볼까? 말까?' 하는 생각으로는 아무 힘도 발휘되지 않는다.

연애도 마찬가지다. 만나보지 않으면 그 사람이 좋은 사람인지 아닌지 모른다. 만나봐야 이 사람의 진가를 알 수 있다. 반대로 좋은 사람이라 생각했는데 내게는 안 좋은 사람일 수도 있다. 연애 경험은 내가 어떤 성

향에게 매력과 안정감을 느끼고, 어떤 사람에게는 불편함을 느끼는지 알
수 있게 해준다.

뭐든 인생은 실전이다. 겪어보지 않고 말로만 하는 것은 실체가 없다.
그렇다면 실행력을 올리는 방법은 뭐가 있을까? 선포하는 것이다. 내가
마음먹은 것을 여러 사람들에게 이야기하다 보면 말에 대한 책임감이 생
기고, 그리고 다양한 정보를 얻음으로써 내가 하려고 하는 것에 대한 추
진력이 붙는다. 그러니 일부러 떠벌리면서 환경 설정을 하는 것도 방법
이다.


또한 당신이 그 행동을 함으로써 어떤 기분과 어떤 결과가 기대되는지
생생하게 상상해봐라. 그 느낌을 생생하게 느끼고 상상함으로써 당신은
그 일을 빨리 하지 않고는 못 배기는 상태가 될 것이다. 대체로 '하고 싶
다'로 생각이 끝나지, 그 일을 하고 나서 당신의 기분이 어떨지, 그로 인
해 어떤 라이프 스타일이 기대되는지에 대해서 생생한 상상을 하고 기분
을 느끼지는 않는다.

단순히 '하고 싶다'를 넘어서 '하고 나니, 이런 느낌이네! 너무 끝내준
다!'와 같이 구체적으로 생각해보는 것이다. 그러면 어느새 당신은 정보
를 찾고 있고, 시간을 만들어낼 것이며, 당신이 마음먹은 것을 행동하기
위한 준비 과정을 어느새 마치고 하기만 하면 되는 수준에 도달할 것이
다.

당신은 하지 않을 핑계를 찾는 사람으로 남고 싶은가 아니면, 될 수 있는 방법을 찾는 사람이 되고 싶은가. 당신이 어느 쪽을 선택하든 그 패턴에는 가속도가 붙을 것이다. 뭐든지 되는 방법을 찾아내는 쪽의 가속도가 붙기를 바란다. 당신의 인생은 액션으로 넘쳐나고, 멋진 경험들로 구성된 단 하나의 당신이 될 것이다.

# 부자들은 돈보다
# 시간의 가치를
# 크게 생각한다

당신은 좋은 사람이 되기 위해 자신의 시간을 다른 사람들을 돕는 데 쓴 경험이 있지 않나? 굳이 내가 나서지 않아도 될 일을 오지랖으로 그 사람을 돕고 싶어서 시간을 할애하며 애쓴 경험이 있다면 앞으로는 잘 생각해봐야 한다. 거절하지 못해서 버린 내 시간의 가치를 부자들은 얼마나 귀한지 알기 때문에 돈을 주고서라도 시간을 산다는 것을.

싼 게 절약이라고 생각하는 건 착각이다. 가성비를 따지면서 어떻게든 싼 거를 찾아서 한 푼, 두 푼을 아끼려고 하는 사람들이 있다. 이들은 순간의 몇 푼은 아낄지라도 정작 정말 중요한 시간을 아끼는 법은 모른다.

한 호텔은 고급 호텔 이미지로 지어졌지만, 사실상 투자는 안 하면서 고급이 되려는 이루어질 수 없는 욕심을 부리고 지어졌다. 인테리어는 저렴한 자재로 꾸며졌고, 음식의 퀄리티도 낮았다. 그렇다면 고급만을 이용하려는 손님들이 다시는 그 호텔을 방문하지 않을 것이다. 하지만 고급 호텔이라는 타이틀을 억지로 걸어둔 이상 그 가격대에 이용할 손님이 없다 보니 그 호텔은 결국 도산했다고 한다.

고급 호텔이라고 비싼 가격을 받을 생각이었다면 그에 맞는 고급 인테리어와 유능한 쉐프를 고용하는 투자를 하는 것이 맞다. 이처럼 사람도 높은 몸값을 갖고 싶다면 나의 외모와 내적 성장에 투자를 해야 하는 것이 당연하다. 그러니 돈을 어디에 아끼고, 어디에 과감히 써야 할지를 아는 사람이 부자가 된다.


부자라고 돈을 펑펑 쓴다는 것이 아니다. 이 물건을 구매함으로써 내 삶이 더 편리해진다면 기꺼이 지불할 수 있는 것이다. 가격을 따지며 더 저렴한 것을 찾기 위해 발품을 파는 것이 아니라 돈보다 귀한 시간을 절약할 수 있는 쪽인지 아닌지를 두고 판단한다. 그리고 자신의 가치를 올려주는 일인지 아닌지를 판단한다. 그렇게 부자들은 돈을 써야 할 곳과 아닌 것에 대한 구분이 평범한 사람들과는 다르다.

예를 들어 부자들은 일의 생산성을 높일 수 있는 활력이 될 만한 휴식과 성장을 돕는 양질의 독서에 돈을 아끼지 않는다. 그러나 평범한 사람은 자신이 편안한 휴식을 할 수 있는 것에 투자하는 것도 망설인다. 휴양지에서 컨디션 좋은 방 값을 내는 것을 아까워하는 것이다. 또, 가난한 사람들은 책을 사는 비용을 아까워한다. 아직도 책을 도서관에서 빌려서 보는가? 내 것이 아닌 것은 내 것처럼 다룰 수 없다. 책의 내용을 완전히 내 것으로 잡아먹기 위해서는 책을 구매해서 그 책 속에서 적극적으로 발췌하고 내 생각을 기록해야 한다. 그래야 생산적인 책 읽기 시간이 되지, 안 그러면 읽었다는 것에 만족하고 기억에 남는 것은 얼마 없는 소극적 책 읽기가 될 것이다.

애초에 부자이기 때문에 그럴 수 있다고 생각할 수 있다. 하지만 그들도 폭발적으로 자신 혹은 기업을 성장시키기까지 투자해야 할 곳과 아닌 곳을 구별하는 기준이 필요했을 것이다. 그때부터 이미 그들은 부자가 되는 돈 쓰기 방법을 안 것이다.

예를 들어, 유럽의 도시락 브랜드 〈스노우 폭스〉의 김승호 회장님은 돈이 인격이라고 표현했다. 작은 돈은 어린아이와 같아서 아껴줘야 하고, 큰 돈은 성인과 같아서 밖으로 내보내야 한다고 했다. 하지만 평범한 사람들은 작은 돈은 허투루 생각해서 편하게 사용하고, 큰 돈은 아까워서 사용하거나 투자하기를 절절 맨다. 이렇게 돈을 대하는 의식 자체가 부자와 평범한 사람의 차이를 만든다.

많은 사람들이 주식과 코인으로 돈을 벌려고 한다. 물론 훌륭한 재테크 수단이다. 하지만 그런 투자는 내 종자돈에 비례해서 수입이 난다. 200만 원을 투자해서 2배 뛴다고 해도 400만 원이다. 200만 원을 버는 것이다. 하지만 그 돈을 나의 성장에 투자하면 나는 한 시간에 200만 원의 강사도 될 수 있다. 내가 컨트롤하지 못하는 분야에 돈을 맡기기보단 내 미래 가치를 높이는 데에 돈을 아끼지 않는 것이 부자들의 돈 쓰기 방식이다.

예를 들어 박진영은 한 해에 저작권료만 약 20억 수준을 받는다고 한다. 그 외적인 소득까지 합하면 연 소득이 30억이 넘는 박진영도 국산차를 타고 다니지만 비행기를 탈 때만큼은 퍼스트 클래스만 고집한다고 한다. 그 이유는 박진영에게 돈보다 시간이 더 귀하기 때문이다. 비행기를 타는 시간에 작곡하는 영감이 많이 떠오르기 때문에 그 돈은 아깝지 않은 것이다.

돈을 아끼려거든 시간을 써야 하는 것이 진리다. 예를 들어 당신이 동영상 편집 기술이 없지만 동영상 편집을 해야 할 업무를 맡았다. 그러면 동영상 편집에 대해서 공부하고, 손에 익지 않은 프로그램을 다루며 시간을 잡아먹을 것이다. 하지만 전문가에게 맡기면 더 높은 퀄리티의 영상 편집을 빠른 시간 내에 할 수 있게 된다. 이렇게 돈을 사용함으로써 결과의 질을 높이고, 나의 시간을 다른 곳에 투자할 수 있는 레버리지가 이루어질 수 있는 것이다.

가사 도우미를 고용해서라도 내 시간을 확보하고, 그 시간에 나의 가치를 올리는 일에 집중하는 편이 낫다. 가사에 체력적으로 스트레스를 받으면서 가족에게 짜증을 내느니, 그 시간에 가사 전문가에게 일을 맡기고, 나는 운동을 다녀오는 편이 낫다. 운동을 통해 체력을 증진시키고 내 몸과 마음을 단련하면 가족들을 대하는 태도도 유해지고, 더 평안한 가정을 만들 수 있다.

부자들이 계속해서 부를 늘려갈 수 있는 이유는 돈으로 시간을 절약하기 때문이다. 그리고 절약된 시간을 다른 부가가치를 창출하는 데 쓰기 때문이다. 돈을 아끼는 사람들은 기름 값이 아까워서 차를 이용하지 않고, 시간이 오래 걸리더라도 대중교통을 이용한다. 걸을 때마다 무릎이 아프면서도 돈을 아껴야 한다. 하지만 아픈 무릎을 치료하기 위해 나가는 병원비가 더 크다. 이렇게 시간과 몸을 버려가며 돈을 아끼는 일을 부자들은 하지 않는다.

내 몸이 닳으면 더 생산적인 일을 하고 싶어도 할 수가 없기 때문에 내 몸의 가치가 돈의 가치보다 크다. 그래서 내 몸을 귀하게 관리한다. 그리고 부자가 되는 방향으로 돈을 쓰는 사람들은 건강관리, 피부 관리에도 돈을 아끼지 않는다. 하지만 가난한 사람들은 나에게 투자하는 돈을 아깝다고 생각한다. 그리고 그것을 사치라고 생각한다. 결국 죽을 때까지 내가 유일하게 가져가야 하는 것이 내 몸 하나인데, 내 몸에 투자를 하지 않으면 어디에다 하는 것인가.

건강도, 피부도 건강할 때 지켜야 돈이 절약된다는 것을 안다. 그리고 나를 돌보는 일이 얼마나 중요한지 현명한 부자들은 안다. 나중에 건강을 잃고, 피부 탄력도 빠르게 무너지고 나서 그때서야 후회하기엔 늦는다. 그때는 되돌리기도 힘들고, 돈도 많이 들어간다. 뭐든 좋을 때 지키는 것이 현명한 소비다.

그렇다면 부자들이 말하는 절약이란 무엇일까? 가진 돈을 가장 현명하게 소비하는 것이다. 자신의 꿈과 비전 실현을 위한 지출은 금액의 여부를 떠나서 소비가 아니라 투자된다. 당신이 정말 하고 싶고, 배우고 싶은 일이 있다면 금액이 얼마가 지출되더라도 해야 한다.

예를 들어 당신이 최고의 피아니스트가 되고 싶다면 피아노를 가장 잘 가르치는 교수에게 배워야 당신의 잠재력을 가장 잘 끌어내줄 수 있을 것이다. 물론 혼자 독학으로도 실력을 늘려갈 수 있지만 시간이 더 오래 걸리거나, 혹은 천재적이 재능이 있지 않은 이상 비약적인 발전이 어려울 것이다. 당신이 도달하고자 하는 목표가 있다면 높은 금액을 지불해서라도 꿈을 이루는 데는 돈을 아끼지 말아야 한다. 설사 먹고 싶은 음식, 입고 싶은 옷을 절제해야 하더라도 말이다. 왜냐. 그 꿈을 이루려고 투자한 결과가 당신에게 커다란 보상으로 돌아올 것이기 때문이다.

부자들은 돈보다 시간에 가치를 더 둔다. 인생이 시간으로 이루어져 있기 때문이다. 시간을 잃으면 모든 것을 잃는 것이다. 그리고 이루고 싶은 꿈이 있는 사람에게는 돈보다 시간이 귀하다. 그러니 꿈을 이룰 시간을 확보하자. 그러기 위해서는 시간을 아끼는 일에, 자신의 꿈을 위한 것에 투자를 아끼지 말자. 그 돈을 아까워한다면 자기 꿈에 대한 자신이 스스로에게 없는 것이다. 그리고 다른 사람의 요구에 맞춰주면서 내 시간을 의미 없이 허투루 사용하지 않는 결단이 필요하다. 시간을 잃는다는 건 미래를 잃는다는 것과 같다.

# 때로 약함이
# 강함이 된다

　내 약점이 강점으로 빛나는 순간이 있다. 그건 아마도 감추고 싶었던 내 시련이 오히려 나의 노력의 과정을 더 빛나게 하고, 성공의 순간 더 극적인 효과를 내게 하기 때문이다. 나의 부족한 점이라고 생각한 것은 내 마음먹기에 따라 장점 혹은 스토리로 살릴 수 있다.

　평이하게 살아가는 사람들은 무기가 되는 스토리가 없다. 마음이 평안한 삶을 살았지만 크게 도약이라고 볼 수 있는 극적인 사건이 없다. 내 의지와 상관없이 태생적으로 받아들여야 했던 가정사, 그리고 나의 아픔이 되는 경험은 내가 그 상황과 사건을 어떻게 받아들이고 결심했느냐에 따라 내 인생의 걸림돌이 되기도 하고 디딤돌이 되기도 한다.

예를 들어 나는 태어날 때부터 아토피가 있었다. 아토피는 잘 때면 유난히 더 가려워지는 피부 질환이다. 자다가 깨서 가려운 부위에 찬물을 뿌려줘야 열감이 진정되곤 했다. 그리고 고등학교 때는 손에 대한 결벽증이 생겨서 쉬는 시간마다 비누로 빡빡 씻어댔다. 그랬더니 손이 건조해지고, 건조한 틈을 타서 면역이 떨어져 수포가 생겼다. 한포진이라는 질병을 갖게 된 것이다. 동그라미 모양으로 수포가 반복적으로 생기면서 미치도록 가려운데 의식 없이 긁으면 진물과 피가 났다. 이렇게 피부로 겪을 수 있는 질환들을 수년 간 겪는 것은 나에게는 시련이고 고통이었다.

대학병원에서 스테로이드가 담긴 주사를 손가락 마디마디 주사 바늘로 찔러야 했고, 손에 물이 닿으면 더 심해져서 장갑을 끼고 씻어야 했다. 빨갛게 진물 나고 벗겨진 손은 남들이 보기에도 왜 그러냐고 다들 물어볼 정도로 보기 흉했다. 정신이 나갈 정도로 가려워서 정말 죽고 싶었다. 피부가 가려운 게 이렇게까지 사람을 피폐하게 만든다는 것을 알았다. 감사하게도 지금은 조금이라도 한포진이 생기려고 손에서 꼬물꼬물 수포가 생기면 초장부터 막아내는 노하우가 생겼다. 그래서 더 이상 두렵지 않은 담대한 마음도 생겼다.

나는 이런 불치병이라고 하는 아토피와 한포진을 음식이나 특별한 약물을 사용하지 않고 조금의 생활 관리와 멘탈 관리로 이겨냈다. 마음이 가장 중요했다. 나는 내 손을 사랑방이라고 생각했고, 수포들을 손님이라고 생각했다. 그리고 손님들은 결국엔 방을 뺄 거라고 확신했다. 내 손의 피부를 다스릴 줄 아는 사람이 되자 어떠한 질병이 와도 정신력과 마인드로 이겨낼 수 있다는 확신이 생겼다.

또한 나의 피부에 대한 약점은 피부로 고통받는 사람들에 대한 마음을 완전히 이해하는 강점으로 결국 승화됐다. 그래서 내가 사업하면서 만나는 사람 중에 피부 질환으로 힘든 시간을 보내는 사람이 있으면 그 마음을 더 잘 헤아리고 대처를 잘 해줄 수 있는 사람이 되었다.

나의 가장 친한 친구 J는 건선을 중학교 때부터 앓았다. J와 나는 고3 때 같은 독서실을 다녔는데 환기가 안 되고 건조한 독서실 안에서 J와 나는 간지러움을 참아가며 공부했고, 쉬는 시간에는 독서실 계단에 앉아서 서로의 괴로움을 토로하며 전우애를 쌓았다. 서로만이 아는 가려움과의 사투와 다른 사람이 우리의 피부를 보며 징그러워한다는 시선에 대한 고통을 나누며 서로 공감하고 위로했다.

나는 J가 있었기에 내 피부병과 싸우면서 공부해야 했던 시절을 버텨낼 수 있었다. 나 역시도 J에게 힘이 되었으리라 생각한다. 그렇게 서로의 약점은 관계를 더 단단하게 해주는 연결고리가 되었고 인생 친구로 남을 수 있었다.

많은 자수성가 부자들의 가정은 유난히도 가난했다. 그들은 그런 성장 배경에서 돈이 없을 때 가족을 지킬 수 없음을 일찍이 깨닫고, 돈에 대한 강한 목표 의식을 만들어낸다. 꼭 부자가 되어 부모님을 지키고, 내 가정을 지키겠다는 신념은 그들을 작은 일에 무너지지 않은 오뚝이 같은 사람으로 만들어준다. 그리고 성공 뒤에는 그들을 더욱 돋보이는 스토리로 그때의 시련이 멋지게 승화된다.

우리 엄마도 어릴 적 외할아버지께서 사기를 당하시는 바람에, 8남매가 천막을 짓고 살아야 하는 상황으로 몰리자, 중학생 때부터 생활 전선에 뛰어드셨다. 그리고 결혼 전에 부모님께 집을 해드린다는 목표로 한눈팔 새 없이 일만 하셨다고 한다. 가난이라는 약점이 뭐든 마음먹은 대로 해내는 지금의 엄마를 만들었다.

그리고 중학교 때부터 농사지은 과일과 학습지를 영업했던 경험이 삼○생명에서 연금 판매 왕 자리에 오르게 했고, 그 뒤로도 자영업, 프랜차이즈 사업 등 승승장구하는 엄마를 만들어냈다. 아버지와 함께 반지하 원룸에서 시작해서 지금의 우리를 키워낸 자식들의 존경을 받는 슈퍼맘의 존재가 되셨다. 항상 나와 내 동생 옆에서 숙제를 챙겨주시고, 간식을 챙겨주시는 늘 곁에 계신 어머니는 아니셨지만 인생을 어떻게 열정적으로 살아야 하는지 모습으로 보여주신 분이시다. 어머니의 어릴 적 약점은 결국 경제적으로도 엄마로서도 가장 빛나는 현재를 만들어내셨다.

트로트 신동으로 많은 사랑을 받는 정동원의 노래는 어린 나이임에도 불구하고 깊이가 있다는 평을 듣는다.

세월 지긋하게 사신 분들도 정동원의 노래 가사에 감정이 전달돼서 소름이 끼친다고 한다. 정동원은 할아버지 손에서 크면서 어릴 적 친구들과 자신의 처지가 다르다는 것에서 오는 상실감이 있었을 것이다. 하지만 할아버지의 지극한 사랑으로 마음 한구석 슬픔을 뒤로 묻어둔 채 밝게 지냈으리라 생각된다.

그 마음이 노래를 부를 때 다 녹아 들어가서 많은 사람들로 하여금 더 정동원이 부르는 노래를 사랑하게 된 것이 아닌가 싶다. 이렇듯 정동원에게는 성장 환경이 약점으로 느껴질 수 있었겠지만 오히려 자신의 꿈을 펼칠 때에는 자신을 더욱 보석처럼 만들어주는 강한 힘이 되었다.

당신이 약점이라고 생각되는 것들을 종이에 세로로 나열해보는 시간을 가져보자. 그리고 그 약점을 긍정적으로 바라보면 어떤 장점으로 해석 되는지 사고의 전환을 해보는 것도 도움이 된다.

산만함 → 발상의 전환이 빠름

소극적 → 신중함

냉정해 보임 → 논리적임

공부를 못함 → 다른 것에 몰두한 경험이 있음 혹은 대인관계가 좋음 약점에 위대함이 숨겨져 있기도 하고, 유리해 보이는 강점이 약점이 되는 순간도 있다. 당신의 약함이 강함이 될 거라고 약속한 하나님의 말씀처럼 당신이 연약할수록 당신은 더 많은 것을 크게 이뤄낼 수 있는 힘 또한 함께 있다.

나는 다소 산만하다. 이 일을 하다가 금세 다른 일을 벌이고, 이 생각을 하다가 금세 다른 생각으로 옮겨간다. 이런 산만함이 실수를 만들기도 하고, 침착하지 못하다는 인상을 주기도 한다. 하지만 나의 산만함은 동시에 여러 일을 처리해야 하는 시간에 빛을 발하고, 다양한 아이디어를 사업에 접목시키고 활용하는 힘이 있다는 건 분명하다.


당신이 숨기고 싶고, 가리고 싶은 약점들은 당신이 어떻게 바라봐주느냐에 따라서 나를 더 돋보이게 하고, 나만의 스토리텔링이 되게 한다. 당신이 겪고 있는 시련은 결코 영원하지 않다. 끝이 있다. 당신이 그 끝에서 당신의 시련이 유익이 되었음을 멋지게 고백하는 상상을 매일 하길 바란다. 당신의 약점은 당신이 약점이라고 생각하지 않는 순간부터 더 이상 약점이 아니다.

# 06

# 겸손은
# 더 이상 미덕이
# 아니다

칭찬을 들었을 때 당신의 기분은 어떤가? 당연히 좋을 것이다. 나를 알
아주는 사람이 있다는 건, 인정받는다는 건 언제나 좋다. 이미 광대뼈가
씰룩쌜룩하는데 아닌 척 기쁜 마음을 숨길 필요가 뭐가 있는가. 그럼에
도 불구하고 우리는 겸손을 미덕처럼 배워왔다. 일단 자동 반사적으로
"아닙니다."라고 대답하는 사람들이 많다.

지금 누군가가 당신에게 "눈이 너무 매력적이에요.", "어떻게 이런 걸
할 줄 아세요? 너무 대단해요."라고 칭찬했다고 해보자. 당신은 어떤 말
로 대답할 것인가? "제 눈이요? 아니에요.", "아닙니다. 누구나 할 수 있

는 정도인 걸요."라며 겸손하게 대답할 것인가?

나 역시도 칭찬을 들으면 속으론 기분이 좋으면서도 일단 아니라고 대답하는 버릇이 있었다. 하지만 그렇게 대답하다 보니 말해준 사람도 더 이상 할 말이 없게 되고, 나 스스로도 멋쩍게 느껴졌다. '속으론 기분이 좋으면서 왜 기분 좋은 티를 못 내는 거지?'라는 의문이 들었다.

그렇게 겸손에 대해서 생각해보기 시작할 때쯤, 내가 한 칭찬에 기쁘게 반응하며 그 자리를 더 즐겁게 만드는 사람을 만났다. 뮬란 같은 무쌍꺼풀 눈이 매력적인 사람이었다. 요즘처럼 쌍꺼풀 수술을 많이 하는 시대에 자신의 고유한 눈을 보존하고 있는 것이 멋지다고 생각했다. 나는 그녀에게 동양 모델 같은 매력적인 눈을 갖고 있다고 말했다. 그러자 그녀는 "꺄, 너무 고마워요. 쌍꺼풀 수술 했으면 큰일 날 뻔했네요."라고 말했다.

그녀가 이렇게 대답하니까 대화 분위기가 더 살아났다. 매력적인 눈에 대해서 더 즐겁게 대화를 이어갈 수 있었다. 기쁘게 칭찬을 받아들이고 감사함을 표현하는 사람에게는 칭찬해 준 보람도 있다. 그 사람의 눈이 한층 더 매력적으로 보인 것은 덤이었다.

한번은 같이 사업하는 팀원 중에 첫 강의를 한 사람이 있었다. 물론 매끄럽지 않은 부분도 있었지만 충실하게 내용을 준비한 느낌이 들었다. 그래서 처음 한 강의인데 너무 도움이 되었다고, 강의해주셔서 고맙다고 했다. 그랬더니 그 팀원이 이렇게 말했다.

"고마워요. 많이 떨려서 실수도 많이 했는데 힘이 되네요. 잘할 때까지
노력할 거예요."

나의 칭찬이 이 사람에게 원동력이 될 수 있음에 보람을 느낀 대답이
었다. 칭찬은 해준 사람도 받은 사람도 모두가 행복해지는 쉬운 방법이
다. 이렇게 말 한마디로도 쉽게 인생의 플러스 주파수를 서로 높일 수 있
다. 그러니 더 이상 학습된 겸손함으로 나에게 들어온 플러스 주파수에
방어막을 씌우지 말자.

칭찬을 들었을 때뿐만 아니라 스스로도 자신을 어필하는 게 중요한 시
대다. '묵묵히 나의 일을 하다 보면 남들이 알아봐주겠지.' 하며 조용히
나의 시대가 오길 기다리면 안 된다. 물론 나의 꿈을 위해 정진하는 자세
는 좋다. 하지만 이제는 나를 드러내는 것도 동시에 해야 한다.

나를 드러내지 않는 사이에 내게 올 기회가 다른 사람에게 돌아갈 수
도 있다. 실력이 나보다 부족해도 자기 PR을 잘하는 사람이 인정받는 상
황에까지 놓일 수 있다. 이제는 셀프 마케팅 시대다. 나를 PR하기에 얼
마나 좋은 시대인가. 휴대전화만 있으면 동영상 편집을 할 수 있고, 블로
그를 쓸 수 있고, 인스타그램을 할 수 있다. 어디에 있든 SNS를 통해 나

의 존재감을 불특정 다수에게 널리 널리 알릴 수 있다.

연예인이 되어야만, 한 분야에 최고가 되어야만 매스컴을 탈 수 있는 시대가 아니다. 자신이 좋아하고 잘하는 것을 콘텐츠로 만들어 자신을 드러내다 보면 같은 분야에 관심이 있는 사람들이 몰려든다. 처음에는 5명으로 시작할 수도 있다. 하지만 지금 100만 구독자를 거느린 유튜버들도 다 한 자릿수의 구독자부터 출발한 것이다.

'이연'이라고 하는 그림 그리기 유튜버에게는 70만이 넘는 구독자가 있다. 그런 그녀가 했던 말이 인상적이었다. 그녀는 "나는 미술을 뛰어나게 잘하는 사람은 아니지만 내가 잘하는 것과 동영상을 편집하는 기술과 내 생각이 덧붙여져서 지금의 채널이 만들어졌다."라고 했다. 한 분야의 톱을 달성해야만 인정받는 시대가 아니다. 세상에 드러낼 수 있는 실력인지 아닌지를 누가 가늠할 수 있을까? 밤하늘에 반짝이는 별은 하나가 아니다. 백 번째에 태어나 반짝이는 별도 반짝이는 별이다.

만약 그녀가 '내 그림 그리기 실력으로 무슨 유튜브를 해.'라며, 혼자 그림을 그리고 즐기는 데 그쳤다고 생각해보자. 그렇다면 유튜브 150만 구독자 채널인 〈세상을 바꾸는 15분〉이라는 프로그램에 세 번이나 출연하고, 34만 회의 조회 수를 기록한, 영향력 있는 지금의 '이연'이 될 수 없었을 것이다.

튀지 않는 게 조직에서 유리한 시기는 끝났다. 내가 잘하는 것을 드러내서 조직에 도움을 주는 방식으로 나라는 존재감을 드러내야 한다. 겸손하게 '나보다 더 잘하는 사람이 있을 거야.'라는 생각으로 나를 드러내는 기회를 다른 사람의 손에 쥐어주지 않았으면 한다. "SNS 마케팅만큼은 제가 제일 잘합니다."라고 말하면서 SNS에 대해 궁금증을 갖는 사람들에게 나를 떠올리게 만드는 라벨 효과를 스스로 사용하면 좋다. 잘하는 게 있다는 건 얼마나 멋진 일인가.

직장 생활 하는 친구 말에 의하면, 다른 동료들에 비해 결과물을 월등히 많이 내면 더 많은 업무가 자신에게 돌아온다고 한다. 그 때문에 일부러 업무를 살살한다는 말을 들은 적이 있다. 그게 동료들과 같은 시간에 대한 같은 월급을 받는 상황이라면 납득이 되기도 한다. 하지만 어느 조직에서든 두각을 드러내면 새로운 길이 열린다.

내가 하는 일에 대한 성장 욕구가 없다면 계속 겸손한 모습으로 있어도 된다. 하지만 적어도 내가 하는 일에 대한 성장 욕구가 있다면 도약의 기회를 제공하는 귀인을 만나는 것도 실력이다. 나를 더 높은 수준으로 끌어줄 인생 멘토를 만나고, 그 멘토에게서 좋은 에너지를 받으며 빠른 속도로 성장하기 위해서는 나의 재능을 드러내야 할 것이다.

내가 하는 네트워크 마케팅 사업은 강의자로 활동하는 것이 필수는 아니다. 하지만 강의를 할 수 있으면 사업에 더 유리하다. 그래서 나는 매출 실적이 뛰어나지 않을 때부터 강의자를 자처했다. 그렇게 5년간 강의를 해왔지만, 여전히 강의하기 전 긴장되고 떨린다. 하지만 강의를 맡아서 함으로써 나의 실력을 올리고, 다른 사람이 나를 신뢰할 수 있게 만들 수 있다.

첫 강의 때는 청중 1명으로 시작했다. 그것도 사촌언니였다. 하지만 그렇게 용기를 내서 나를 드러내기 시작하니까, 실력이 쌓이기 시작했다. 이제는 지방에서 내 강의를 들으려고 일부러 찾아왔다는 말도 듣는다. 아직 강의할 때가 되지 않았다고 겸손해하며 다음으로 미루기를 반복했다면 내 사업은 더디게 컸을 것이다.

겸손하지 말자는 건 허세를 부리라는 것이 아니다. 기회가 왔을 때조차 소극적으로 대응하지 말자는 뜻이다. 남들보다 조금이라도 잘하는 것을 통해 성장의 기회를 만들어나가자는 말이다. 물론 나보다 더 잘하는 사람이 세상에 널렸을 수도 있다. 하지만 나 역시도 잘하는 사람 중의 하나다. 세상사람 다 몰라줘도 단 한 명이 알아봐준다면 그건 잘하는 거다. 그러니 더 이상 겸손하지 말자.

물론 진심은 통한다는 말처럼 오른손이 한 일을 왼손이 모르게 나의 재능을 발휘하고 있으면, 누군가는 나의 진가를 알아봐줄 것이다. 하지만 10년 뒤까지 그걸 기다려야 한다면? 10년 뒤라도 빛을 발하면 감사한 일이다. 하지만 평생 내가 좋아하는 것, 내가 잘하는 것을 세상에 알리지 못하고 살다 삶이 끝날 수도 있다. 그럼에도 불구하고 겸손하게 나의 일을 조용히 묵묵하게 할 것인가?

나를 세상에 드러내는 데 있어 겸손한 마인드를 갖지 말자. 겸손한 마음으로 나의 매력과 나의 가능성에 한계를 두지 말자. 칭찬을 받으면 그 플러스 주파수에 힘입어 자신의 매력을 더 살려보자. 재능을 더 키워보자. 그러면 나는 더 매력적인 사람이 될 것이다.

# 07

# 모두에게
# 좋은 사람이 될
# 필요 없다

나는 언제나 다른 사람에게 좋은 사람이고 싶은 마음으로 내가 손해를 더 보면 봤지, 이기심으로 사람을 대한 적이 없다고 자부했다. 그러다 보니 누군가에게 착한 사람이라는 평을 듣는 것이 익숙했고, 그런 사람이 되어야만 인생을 잘 사는 거라고까지 생각했다. 착한 사람으로 살아갈 때 사회의 선을 행하는 일이고, 모두가 다 착한 마음으로 살아야 한다고 생각했다. 그런 마인드는 착한 사람 콤플렉스를 갖게 했다.

착한 사람이라는 타이틀에 집착하여 살아갈 때는 타인에게 받는 인정에만 집착하고 살았다. 그리고 대인 관계를 둥글게 잘하는 법은 알지만 정작 내 자신의 마음을 살필 줄 모르는 사람이 되어 있었다. 내 마음은 웃고 싶지 않은데, 모두를 위해서 웃어넘기는 날들이 생겼다. 그러다 보니 성격 좋다는 프레임이 나에게 생겼다. 그래서 계속 성격 좋은 사람으로 보여야 할 것 같은 의무감이 들었다. 그러다 보니 해야 할 말을 못 하고 어설프게 넘어가는 상황이 반복됐다. 내가 이 말을 했을 때 상대방이 어떻게 생각할까 고심하며 눈치를 살피는 게 버릇이 됐다.

또 착한 사람 프레임은 다른 사람이 무리한 부탁을 하더라도 거절 못 하고 들어주는 일이 반복적으로 생기게 했다. 결국 내 의지로 부탁을 들어줬으면서도 마음 한구석에는 그들의 이기심이 눈에 훤히 보여서 기분 나쁜 감정이 싹텄다. 그리고 몇몇 사람들은 점점 더 나에게 무리한 부탁을 한다는 걸 느꼈다. 내가 조금 불편해도 상대방이 조금 더 편할 수 있다면 희생해도 좋다고 생각했던 어리석은 배려심이 문제였다. 그들에게 어느새 나는 부탁하면 들어주는 존재가 되어버린 것이었다.

나와의 관계가 좋은 사람이 다른 사람과의 관계도 좋을 수 있다. 나에 대한 불만족이나 내 상황에 대한 불만족이 있다면 감사한 인생을 살지 못하고, 그런 척박한 마음에서 진정으로 타인과 행복한 관계를 이루기는 어렵다. 그러므로 다른 사람들을 위한 착한 사람이 아니라 내 마음을 먼저 챙길 줄 아는 나를 위한 좋은 사람이 되어야 한다.

당신이 다른 사람을 품어주고 있는 것처럼 당신의 부족함도 다른 사람으로부터 포용 받을 수 있다. 그러니 우리 자신으로 살아갈 때 온전한 내 인생을 살 수 있을 것이다. 온전한 내 인생을 산다는 것은 내 목소리를 낸다는 것이다. 잠깐 욕 좀 먹으면 어떠한가. 당신 자체가 부정 당하는 것이 아니다. 당신이 모두를 만족 시킬 수 없다는 것을 인정해야 한다.

당신이 다른 사람에게 완벽하게 착한 사람이 아니라고 해서 당신을 부정적으로 평가하는 사람이 있다면 그 사람을 인생에서 배제하는 것이 당신 인생을 더 풍요롭게 만드는 길이다. 당신이 지금까지 누군가에게 선한 의도로 살아왔다는 것은 당신의 성향 자체가 누군가를 위하는 마음이 큰 사람이다. 그 성향은 어디가지 않기 때문에 당신이 당신을 위한 선택과 목소리를 낸다고 해서 당신이 결코 나쁜 사람이 되는 것이 아니다. 더 이상 착해야 한다는 이유로 자신에게 모질게 굴고, 자신을 스트레스 속으로 내몰지 말자.

착한 사람 콤플렉스가 있는 사람들의 특징은 스트레스가 많다는 것이다. 인내하고 참아야 하니까 본인도 모르는 사이에 스트레스가 쌓인다. 내가 하고픈 말을 하지 못하고, 내 것을 자꾸 양보하는 일이 생기니 크고 작은 스트레스가 누적된다. 또한, 착한 사람 콤플렉스가 있는 사람은 자기를 위해 쓸 시간이 부족하다. 다른 사람의 제안에 거절을 잘 못 하고,

그 사람의 시간에 끌려가는 수동적인 시간 사용을 할 가능성이 크다.

이렇듯 은은하게 쌓인 대인관계 스트레스와 나에게 쓸 시간 확보 부족으로 나를 더 폭발적으로 성장할 수 있는 에너지가 부족한 사람이 된다. 나의 꿈을 이루는 것에 초점을 맞춘 나를 위한 좋은 사람이 되자.

세상 앞에 쫄지 말자. 다른 사람이 나를 어떻게 생각할 것인가 평가하는 것에 두려워하지 말자. 착한 사람 콤플렉스에 익숙해져 있어서 그 틀을 깨는 말과 선택을 해서 생기는 불편한 감정은 그 순간 잠깐이다. 다들 자신의 인생이 더 중요하기 때문에 당신의 언행을 두고두고 생각하고 곱씹지 않는다. 그러니 내 인생을 스스로 떳떳하게 살아가는 것이 중요하다. 내가 떳떳하면 어떠한 평가에도 동요되지 않을 수 있다.


나를 위한 좋은 사람이 되기 위해서는 어떻게 해야 할까? 자신의 욕망을 솔직하게 표현할 줄 알아야 한다. '좋으면 좋다, 싫으면 싫다.'라고 의사 표현을 정확히 하는 것부터 시작해야 한다. 내가 좋은 것이 상대방이 좋은 것과 상반될 때는 합의점을 찾으면 된다. 내가 싫은 것을 그 사람이 추천할 때도 현명하게 거절하는 방법이 있다.

그리고 나의 스케줄이 다른 사람에 의해 좌지우지되는 것을 보호해야 한다. 친구가 본인이 쇼핑할 게 있는데 같이 가자는 것에 나의 할 일을 뒤로 미루고 따라가 주는 것을 멈추자. 나는 체력 보충을 위해 쉬고 싶은데, 같이 술 먹자는 말에 무리해서 술 먹으러 나갔다 오지 말자. 내 시간을 주체적으로 채워나가는 것이, 나를 위한 좋은 사람이 되는 길이다.

아직 나의 욕망에 대해서 모르겠다면 무조건 적어보자. 빈 종이에 내가 어떤 마음일 때 불편하고, 어떤 마음으로 살아가고 싶은지 적는 것만으로도 나의 욕망을 파악할 수 있다. 또한, 내가 벗어나고 싶은 것들과 내가 소망하는 것들을 제대로 파악할 수 있다. 이렇게 나를 깊숙하게 들여다보는 시간을 적극적으로 가질 때 나와의 관계가 회복된다.

마지막으로, 언쟁을 두려워하지 말자. 내가 하고 싶은 말을 함으로써 견해가 달라서 본의 아니게 생기는 언쟁을 이야기하는 것이다. 혹시라도 트러블이 생기면 침착하게 서로의 견해를 주고받고 합의점을 찾으면 된다. 이를 통해 서로에 대해 더 잘 알게 되고, 더 단단한 관계가 되는 경우가 많다.


자신보다 더 센 자기주장을 가진 사람들 앞에서 쫄지 말고, 나의 에너지를 키우는 일에 집중하자. 성경에서 말하는 것처럼 우리는 메뚜기가 아니라 거인이다. 내 안의 거인을 깨우는 방법은 그 거인이 움직이고 싶게 만드는 욕망을 아는 것이다. 나의 욕망, 즉 내가 이루고 싶은 꿈을 정확히 파악하는 것이 우리 인생의 숙제 아닐까. 아직 꿈을 찾지 못했다면 상상만 해도 행복해지는 '내 미래의 한 장면'부터 떠올려보자. 그 떨림이 내 안의 거인을 일으켜 세워줄 것이다. 당신은 분명 찾아낼 수 있다. 찾을 생각을 하지 못했기 때문에 모르고 있을 뿐이다.

남들에게 착한 사람, 이제 더 이상 하지 말자! 그냥 나 자체로 자유롭게 살자. 따지고 보면, 착하고 안 착하고 누가 구분할 수 있겠는가. 당신이 누군가에게 피해를 주지 않고 사는 것만으로도 선이다. 무리해서 당신이 다른 사람을 위하며 살려고 하는 것보다 차라리 당신의 능력을 키우는 데에 시간과 에너지를 쏟아보자. 그게 더 많은 사람들과 더 넓은 세상에 선한 영향력을 전파하는 일이 될 것이다.

당신이 누군가에게 선한 일을 하고도 상처로 돌아오는 것을 멈추기를 바란다. 고마움을 모르는 사람들은 자신이 누린 감사함은 모르고 못 받은 것에 대한 불평을 한다. 그런 사람들에게까지 당신이 모든 것을 맞춰주고자 하면 당신은 체력적으로, 정신적으로도 고갈을 겪을 것이다. 당신은 다른 사람의 편의성을 맞춰주고자 태어난 존재가 아니다. 당신의 꿈을 펼치기 위해 태어난 존재다.

그러니 착한 사람 소리 들으려고 자신의 욕구를 무시하는 우를 범하지 않길 바란다. 당신의 욕구가 오히려 선한 것이다. 누구의 눈치도 보지 말고 당신의 기분이 유쾌하고 활기차기를 바란다. 오롯이 내 자신으로서 만족스러운 날들을 채워나갈 수 있을 때 진정으로 나를 위한 좋은 사람이 된다.

그리고 나 자신의 욕구를 더 들여다볼 줄 아는 사람이 되자. 내 욕구가 건강하게 관리될 때, 억압되는 마음이 없다. 좋은 사람이 되고자 양보하는 마음으로 자신을 제대로 돌보지 못했다면, 이제부터는 선언하자. 내 꿈을 이루기 위해 시간과 에너지를 쓰는 '나에게 좋은 사람'이 되겠다고. 그리고 그 과정에서 누구에게나 착한 사람이 되기 위해 억지로 애쓰기보다 나 스스로를 돌보는 것에 기쁘게 애쓰는 현명한 사람이 되겠다고 말이다.

- 4장 -

# 결국 해내는
# 사람들의
# 7가지 비밀

# 의식 :
# 좋은 뿌리에서
# 좋은 열매가 맺힌다

인간의 행동은 무의식에서 90퍼센트 결정된다고 한다. 그럼에도 불구하고 대부분의 사람들이 10퍼센트의 이성적인 의지로만 삶을 바꾸려고 한다. 그래서 그 과정이 힘들고, 결과에도 한계가 생긴다. 목표가 있어도 행동으로 옮기지 못하는 이유는 "습관적으로 같은 행동을 반복하기 때문에 사고 패턴도 같아진다"고 구스도 후토시의 『무의식을 지배하는 사람 무의식에 지배당하는 사람』에 설명되어 있다.

우리가 습관적으로 하는 말, 행동, 언어, 확신, 꿈, 신념 등은 잠재의식에 새겨져서 결국 우리의 현실에 반영된다. 즉, 잠재의식은 충실한 하인과도 같아서 일의 대소선악을 막론하고 명령을 내리는 대로 그것이 무엇이든 충실히 이행한다. 우리는 이 하인이 내가 바라는 라이프 스타일과 인간관계를 만들어갈 수 있도록 명령 내려야 한다.

하지만 많은 사람들이 그때그때의 감정에 충실한 말들을 내뱉는다. 그럼 그 말을 내 무의식이 제일 먼저 듣는다. 나의 무의식을 의식하는 순간부터 스스로 의식의 주인이 될 수 있다. 우리는 잠재의식을 잘 다루고, 활용하는 방법을 알아야 한다. 그렇지 않으면 습관적으로 하는 말과 행동이 설정해놓은 무의식으로 이전과 똑같이 살아가게 될 것이다. 과거의 내 생각 패턴이 쓸모가 없으니까 현재의 내 모습이 마음에 들지 않는 것 아닌가. 그렇다면 지금부터 무의식에 완전히 새로운 명령을 내림으로써 새로운 사람이 되어야 한다.

불과 20대 중반까지만 해도 나는 돈을 좇는 사람은 욕심이 많다고 생각했다. 풍족한 자산을 갖추고 사는 건 이미 정해진 사람들 혹은 특별한 재능이 있는 사람들에게만 가능한 일이라고 생각했다. 작은 일상에 감사하며 소박하게 사는 것이 미덕이라고 생각했다. 정작 내가 누리는 모든 편안함이, 다 돈으로부터 비롯된다는 걸 알지 못했다. 그저 이 정도만 유지하고 살면 된다고 생각했다. 나의 편안함과 안락함 중 당연한 것은 없으며, 부모님이 벌어 모은 재정의 축복이었단 생각을 20대를 지나면서 할 수 있었다.

대저택, 슈퍼카, 명품 쇼핑은 이번 생에 누릴 것들이 아니라고 생각했다. 그러다 시간을 자유롭게 쓰며 직장 월급만큼만 벌고 싶었다. 그래서 네트워크 마케팅 사업을 시작하며 자기계발서를 많이 읽기 시작했다. 그러곤 그런 책들을 통해 부자에 대한 인식을 바꾸게 되었다. 다른 사람들을 편리하게 해 주고, 만족감을 줄 때 돈은 자연스럽게 따라온다. 그리하여 사회에 기여한 사람들만이 부자로 살 수 있다는 것을 책을 통해 알게 되었다.

그러면서 나는 부자에 대한 부정적 생각이 내 깊은 의식 속에 똬리를 틀고 있다는 것을 발견했다. 부자의 정서적 행복과 물질적 부유는 대립한다고 생각했다. 큰 부자는 이기적이고 욕심이 많을 거라고 생각했다. 그러다 나는 그 의식을 버렸다. 그 순간 나에게는 이 세상의 무한한 부를 원하는 만큼 갖고 싶다는 열망이 생겼다.


한 번 사는 인생, 원하는 지역, 원하는 크기의 집을 금액에 상관없이 인테리어해 살고 싶어졌다. 돈 때문에 바라면서 바라지 않는 척 현실과 타협하는 것이 아니라, 원하는 대로 선택할 수 있는 자유 의지를 갖고 싶었다. 왜 그런 삶을 사는 사람은 정해져 있고 나는 아닌 듯이 체념하고 살아야 하는 걸까. 이런 의문이 생기기 시작했다.

그 의문의 끝은 내가 이룰 부의 가능성에 한계를 두지 않아도 된다는 답을 내리게 했다. 지금 내 환경이 어떻든 간에 모든 것을 열망할 수 있었다. 기대가 되기 시작했다. 막연히 잘 살고 싶다가 아니라, 내가 갖고 싶고 이루고 싶은 것들을 이룰 수 있는 힘이 나에게 모인다는 것을 느낄 수 있었다.

잠재의식을 활용해야 한다는 것을 알기 전과 후, 나의 삶이 완전히 달라졌다. 무엇보다 꿈의 크기가 달라졌다. 그리고 다양한 꿈을 자유롭게 꾸기 시작했다. 꿈의 크기가 커진 만큼 목표를 이루기 위한 행동력이 커졌다. 왜냐하면 무의식을 활용하다 보니 용기가 커진 것이다. 자신감이 생기니 하루를 대하는 태도가 즐거워졌다. 즐거운 기분으로 살아가니 주변 사람들과의 관계도 더 좋아졌다.

반대로 목표는 뚜렷하지만 의지만으로 결과를 내려고 하는 사람들은 늘 지쳐 있고 삶이 버겁게 보인다. 무의식이 해결해줄 수 있는 무한한 가능성의 세계가 있다고 알지 못하기 때문이다. 그래서 목표만 가지고 열심히 하는 사람은 즐거워 보이지 않는다. 그리고 쉽게 지친다.

의식을 바꾸는 가장 기초적인 방법은 먼저 의식 성장을 돕는 책이나 강연을 반복적으로 보고 듣는 것이다. 급하게 외출할 때 새로운 코디를 하기 힘들고 기존에 입었던 옷이 손에 잡히는 것처럼 우리 무의식은 익숙한 생각과 감정을 빠르게 선택한다. 그러므로 긍정의 의식이 익숙해질 때까지 생각하고 말하는 것을 연습해야 한다. 성공자의 생각 패턴을 알려주는 책과 강연을 통해 나의 무의식이 성공자가 될 수 있는 의사결정을 하도록 해야 한다.

나는 〈한국책 쓰기강사양성협회(한책협)〉에서 책 쓰기 강의를 들으며 무의식을 다루는 방법을 빠르게 익힐 수 있었다. 그 결과, 매출이 빠르게 높아졌다. 해결해야 할 일이 생겼을 때는 훨씬 수월하고 의연하게 행동할 수 있었다. 단순히 책 쓰기 방법만 알려주는 강의가 아니라 의식 성장을 통해 즐겁게 책을 쓸 수 있도록 가이드해주는 시스템이기 때문에 가능했다.

〈트랜스포머〉, 〈라이언 일병 구하기〉 등 수많은 히트작을 남긴 스티븐 스필버그는 12살 때부터 자기 암시를 통해 마침내 할리우드 최고의 흥행 감독이 되었다. 10대 때부터 그는 옷을 멋지게 차려입고 서류 가방을 든 차림으로 유니버셜 스튜디오를 들락날락했다고 한다. 어려서부터 자신의 꿈에 대한 확신과 무의식이 그 꿈을 이루었다고 믿도록 행동한 것이다. 그는 자신의 꿈을 하루 종일 무의식에 새기며 미래의 내가 만들어낼 결과에 집중했다. 그의 명언이 있다.

"나는 밤에 꿈을 꾸지 않는다. 나는 하루 종일 꿈을 꾼다."

O군의 꿈은 경찰이었다. 경찰 공무원 준비를 하는 동안 함께 길을 걷

다가 경찰차만 보면 멈춰 서서 '충성' 하는 자세를 취했다. 장난 끼 있게 하는 행동이긴 했지만 그런 행동들이 모여서 그 친구는 1년도 준비하지 않고 단번에 경찰 시험에 합격했다.

내 꿈의 모습을 생생하게 상상하고, 이미 내 꿈이 이루어졌다고 믿는 사람에게는 잠재의식의 친절한 안내를 받아 꿈이 실현되는 길을 걷게 된다. 잠재의식을 완전히 믿으면 꿈을 이루는 과정에 두려움이 없다. 시련이 오더라도 탄탄하게 뿌리 내려진 긍정 의식이 금세 당신을 일으켜 세울 것이다. 그리고 높은 의식으로 당신에게 하나님께서 주시는 힌트를 쉽게 알아차릴 수 있을 것이다. 그렇게 당신이 목표를 향해 가는 길이 계속해서 열릴 것이다.

부정적인 의식으로 내 능력을 스스로 도둑질하지 말아야 한다. 무의식에 부정의 뿌리가 깊어지면 걱정, 불안, 질투와 같은 열매가 맺힌다. 반대로 긍정의 뿌리를 내리면 평온, 능력, 활력, 자신감과 같이 우리가 진심으로 원하는 삶을 그려나갈 열매를 맺는다. 작은 꿈만 꾸는 사람은 마음이 좁아지고, 미래가 어둡고, 활동 범위도 작아진다. 나 자신과 나의 변화된 미래를 얼마나 믿고 있는지에 따라 우리의 업무 태도는 바뀌게 된다. 되고 싶은 것, 손에 넣고 싶은 것을 내 것이라 믿어라.

"이미 이루어진 것처럼 상상하면 이루어진다"는 가르침의 원조인 네빌 고다드는 말했다.

"결과에 대해선 걱정하거나 신경 쓰지 마십시오. 밤이 지나면 낮이 오는 것처럼 결과도 당연히 따라오게 됩니다. 여러분 안에서 일어나고 있는 모든 욕망을 하나님 말씀으로 여기십시오. 그리고 하나님의 모든 말씀과 욕망을 하나의 약속으로 보십시오. 우리의 욕망이 현실로 이루어지지 않는 이유는 우리가 그것들에 한계를 정해놓기 때문입니다.

욕망에 어떤 한계도 정해놓지 마십시오. 여러분에게 처음 다가온 그대로 욕망을 받아들이십시오. 이미 그것들을 받았다는 기쁨이 일어나는 상태에서 감사함을 느끼십시오. 여러분이 소망하는 것을, 그것이 나타날 것이라고 확신하면서 의식 안에 심어놓을 때 여러분은 해야 할 일을 다 마친 것입니다."

아무 행동을 하지 않아도 바라기만 하면 이루어진다는 그런 말이 아니다. 의식을 통해 내가 원하는 것을 얼마든지 이룰 수밖에 없는 나로 바뀐다는 것이다. 뿌린 대로 거둔다는 말처럼 나의 의식에 어떤 씨앗을 뿌리는지에 따라 미래는 바뀐다. 밤이 지나면 낮이 오는 것처럼 의식을 바꾸어 자연스럽게 따라올 결과를 만드는 우리가 되길 바란다.

# 인정 :
# 나의 못난 점도 남의 잘난 점도
# 그 자체로 받아들여라

나의 못난 점은 자꾸만 커 보이고, 다른 사람의 잘난 점에만 돋보기를 대고 쳐다보는 거처럼 크게 보일 때가 있다. 객관성을 잃은 태도다. 사람은 누구나 잘하는 것과 못하는 것이 공존한다. 그러나 내 허물은 내 눈에 유난히 잘 보인다. 그래서 나는 못난 사람 같고, 저 사람은 잘난 사람 같다고 이분법적으로 생각한다.

자존감이 낮은 사람들은 이렇게 이분법적으로 다른 사람과 자신을 나누면서 위축되고, 속상해한다. 얼마나 감정 낭비인가. 누구나 완벽하지 않다는 것이 객관적인 사실이다. 완벽해 보이는 저 사람도 자신의 허점을 품어주고 살고 있다는 것을 알아야 한다. 허물없이 완벽해 보이는 사람은 자신의 허물을 허물처럼 대하지 않기 때문이다.

성공한 사람들은 자신의 부족함이 있다면 인정한다. 인정하는 순간, 개선하기 위한 노력에 집중하면 되기 때문이다. 즉, 부족한 점이 영원히 부족하지 않다는 것을 안다. 게다가 나의 부족을 다른 사람의 능력으로 도움 받을 전략까지도 세운다. 즉, 사업가는 내가 잘 못하는 분야는 잘하는 사람에게 위임하면서 자신의 기업의 덩치를 키운다. 모든 방면에서 잘해야만 오너가 되는 것이 아니기 때문이다.

나의 부족을 그럴 수 있다고 받아들이고 개선해나가는 사람은 마음이 건강하다. 하지만 다른 사람이 나에 대해 조언해주면 그것을 기분 나빠하며, 인정하지 못하는 사람들이 있다. 발전 가능성이 없는 사람이다. 누군가가 나에게 조언을 해준다는 것은 그만큼 더 잘되라고 신경 써준 것이다. 조언을 새겨듣고 변화기 위해 노력하면 더 성장할 것이 분명함에도 불구하고, 기분만 나빠한다. 자신의 부족함을 인정하고 싶지 않으니 감정적으로 듣는 것이다.

조언을 받아들일 태도가 없다면 다른 사람들은 더 이상 그 사람에 조언을 해줄 생각을 하지 않게 된다. '어차피 말해줘 봤자 바뀌지 않을 텐데.' 하고 포기해버린다. 그렇다면 자신을 진정성 있게 대하는 사람들이 점점 사라질 것이다. '자기 고집대로 사는 사람이야.'라고 생각하며 거리를 둘 것이다.

예를 들어 직장 상사에게 직원들에게 기분이 상하게 말하는 버릇을 고쳐달라고 부탁을 했다. 어렵게 말을 했지만 그 상사에게서 돌아오는 대답이 이 정도로도 말 못 하냐고, 너희들이 일을 잘하든가라고 말해버리면 직원들은 더 이상 상사에게 말버릇을 보완해달라는 말을 하기 어렵게 된다. 그리고 그 상사에게 거리를 유지하거나, 피하게 된다. 자신이 다치지 않기 위한 방법을 사람들이 스스로 찾는 것이다.

반대로 상사가 직원에게 이런 점을 고쳤으면 좋겠다고 조언해주면 곧이곧대로 해보면 되는데, 자신이 정말 부족하다고 받아들이지 않으니 잔소리로 듣고, 날 몰라서 하는 소리라고 치부해버린다. 그럼 상사는 더 이상 그 직원에 대해 기대를 하지 않는다. 성장 가능성이 없는 직원이라고 판단하는 것이다.

자신이 부족한 모습이 있다고 해서 그것이 당신의 가치를 깎아내리는 것이 아니다. 오히려 이런 고집스러운 모습이 더 멋지게 성장할 자신을 가로막고, 다른 사람의 말에 귀 기울이지 않는 사람으로 비춰지게 만든다.

꼬인 사람들을 만나게 된다. 다른 사람이 잘하는 것을 잘한다고 인정하지 못하고, 잘난 척 한다고 생각한다. 그리고 다른 사람의 예쁜 것보다 못난 점을 찾아서 비난하는 사람들이 있다. 어떻게든 잘나가는 사람을 깎아내리려고 하고, 그들이 잘한 것에 대한 인정을 해주지 못한다. 이렇게 나보다 앞서가는 사람이나 내가 갖고 있지 않은 장점을 잘 발현하는 사람을 보면 기분 나빠하는 사람이 있다.

이런 꼬인 마음은 자신과의 관계가 안 좋을 때 주로 생기는 일이다. 나 자신을 사랑한다면 다른 사람도 사랑할 수 있다. 나 자신을 사랑하는 만큼 다른 사람도 귀하다는 것을 알고, 그 사람의 잘하는 점을 있는 그대로 칭찬한다. 그리고 다른 사람의 장점에서 더 배우고자 노력하고, 어떻게 하면 그렇게 잘하냐고 진심으로 궁금해하며 묻고, 노하우를 하나라도 더 얻을 수 있다. 하지만 스스로의 가치를 낮게 보는 사람은 다른 사람의 잘난 점을 보면 자격지심으로 생각한다. 마치 그 사람이 사회적으로 잘되면 나는 반대로 못되는 것처럼 말이다.

나와 동등하게 존중받아 마땅한 존재라고 여기는 마음이 있으면 그 사람의 장점은 장점대로 인정해주고, 단점은 단점대로 '아, 이런 면이 있구나.' 알고, 참고하는 정도로 그칠 수 있다. 대문호 괴테가 한 말이다.

"다른 사람의 좋은 점을 발견할 줄도 알아야 하고 칭찬할 줄도 알아야 한다. 그것은 그 사람을 자기와 동등한 인격으로 생각한다는 의미다."

다른 사람에게서 좋은 점을 발견하고 칭찬할 줄 안다는 것은 '당신 멋지구나. 나도 멋진데.' 하고 누구 하나 잘나고 부족하고를 따지는 것 아니라 서로 동등하게 멋짐을 인정하는 것이다. 그 사람이 멋지다고 해서 나의 멋짐이 깎여나가는 것도 아니다. 그냥 같이 멋진 사람인 것이다.

이렇게 또 나의 부족함은 누군가의 잘남으로 채워지는 공존의 관계로 인식하면 더 마음이 편안하다. 내가 누군가의 부족함을 채워줄 수도 있는 것처럼 서로가 상호보완하며 하나의 큰 공동체로 살아가는 것이다. 그렇다면 누가 잘 났고, 누가 못났고 할 것 없이 서로에게 엄지 척을 올려주며 살 수 있다.


결국 해내는 사람들은 이렇게 자신에 대해 필요 이상으로 자책하며 감정을 낭비하지 않는다. 사실 그럴 틈이 없다. 자신의 목표를 향해 달리는데 다른 사람과 자신을 비교하며, 감정낭비 할 틈이 없는 것이다. 목표에 꽂혀 있고, 그 목표 단점이 걸림돌이 된다면 적극적으로 고치기 위해 조언을 구하고, 노력한다.

본인에게 해주는 피드백에 항상 열려 있다. 그래서 나의 부족한 점을 받아들이지 못해서 성공을 스스로 가로막는 우를 범하지 않는다. 언제나 자신이 더 성장할 기회에 눈과 귀를 활짝 열어둔다. 그러면 어느새 성취가 쌓이고, 자꾸 자꾸 더 성공할 수밖에 없는 사람으로 커간다.


또한 결국 해내는 사람들은 다른 사람의 성공에 진심으로 박수쳐줄 수 있는 사람이다. 왜냐. 자신도 이루어낼 것이라는 확신이 있기 때문이다. 다른 사람이 잘되면 마치 자신은 안 되는 거 같은 경쟁자의 성공과 나의 성공이 마치 시소처럼 한쪽이 내려가야 한쪽이 올라간다고 생각하면 안 된다.

WIN-WIN의 관계를 염두해야 한다. 서로 공생관계임을 알고, 진심으로 축하해주면서 다음은 자신 차례인 것을 기뻐해야 한다. 그리고 상대방의 앞선 성공에는 그만한 보이지 않은 노력이 있음을 인정해보자. 그리고 비결을 빠르게 파악해서 내 것으로 만들 수 있게 되었음을 고맙게 생각하면 더 멋진 관계성이 이루어진다. 그러니 나보다 앞선 사람이 있다고 해서 초조해하지 말고, 고마운 마음으로 대해보자. 나를 둘러싼 기운이 바뀌고 운이 바뀔 것이다.

우리는 감사함을 느끼며 살아가기 위해서 애초에 완벽하지 않게 태어났다. 우리 모두는 완벽하진 않지만 매일 모든 면에서 성장하려고 노력하는 사람들이기에 사랑스럽다. 내가 사랑스러운 것처럼 상대방도 사랑스러운 것이다. 나도 멋지고, 상대방도 멋지다. 이제부터 어제의 나와 지금의 나의 성장의 크기만 비교하며 내 목표 달성을 향해 가는 과정만을 점검하자.

# 기록 :
## 구체적으로 적으면
## 알게 되는 것들

스마트폰이 우리 생활에 깊숙하게 파고들면서 종이와 펜을 이용해서 글씨를 쓰는 일이 많이 줄어들고 있다. 핸드폰으로 쉽게 메모하고 일정 관리를 할 수 있다 보니 차분하게 앉아서 기록하는 일이 어색하다.

그럴 시간에 편하게 누워서 넷플릭스를 보거나 인스타그램 릴스를 구경하는 일이 더 많은 것이다. 내 취향에 딱 맞게 자극적인 콘텐츠들이 끊임없이 나를 유혹한다. 그러다 보니 내 생각을 기록하며 나의 내면으로 깊게 파고들어가 볼 새가 없다.

그러나 기록은 나의 내면을 파고들어 내가 원하는 것을 찾아 실행하는 쉽고 빠른 방법이다. 나에게 필요한 질문을 스스로 던져보면서 내 기억과 마음 깊이 있는 이야기들을 들춰내보는 것이다. 추상적으로 내 속에 있던 이야기를 글로 시각화하다 보면 더 명확한 나의 현재 마음 상태가 점검된다. 그 결과 감정 치유가 되기도 하고, 생각을 환기시킴으로써 앞으로 나아갈 길이 뚜렷하게 보이기도 한다. 내 강점을 발견할 수 있는 질문을 통해 나에게서 뽑아낼 수 있는 모든 재능들을 동원하여 더 생산적인 일을 해내는 계기가 된다.

## 무엇을 기록해야 할까

### 성공 에너지를 끌어올리는 기록 주제

1. 나 자신이 자랑스러웠던 순간들

: 잊고 지내던 자랑스러운 나를 상기하며 자존감을 높인다. 쑥스러워하지 말고 잘하는 건 잘한다고 스스로 인정해본다.

ex) 꾸준한 노력으로 성취를 이루었던 경험, 수상 경험, 도전 경험 등.

2. 내가 잘하는 것들

: 나의 강점을 찾아 나를 브랜딩할 수 있다.

ex) 돌발 상황에 유연하게 대처한다, 경청을 잘한다, 동영상 편집 기술이 있다, 목소리가 좋다 등.

3. 내가 사랑하는 것들

: 나의 가슴을 설레게 하는 키워드를 적어본다. 설레는 기분은 나의 성과를 높이는 부스터가 되는 감정이다. 그리고 내가 사랑하는 키워드가 사업 아이템이 되기도 하고, 동기 부여가 되기도 한다.

실제로 나의 오랜 인스타그램 친구는 사랑하는 키워드, 파리, 고양이, 재즈를 모티브로 〈재즈오어낫〉이라고 하는 브랜드를 성공적으로 만들었다.

ex) 재즈, 고양이, 스포츠카, 샤넬 등.

4. 내가 행복한 순간들

: 내가 언제 행복한지를 알아야 주체적으로 나를 위한 시간을 만들어 누릴 수 있다.

L 양의 집을 청소해주시는 이모님은 환갑이 넘은 나이시지만 태어나서 한 번도 원피스를 입어본 적이 없다는 걸 L 양을 보고 알았다고 한다. 그리고 원피스를 입어보고 싶은 열망이 생겼다고 한다. 그리고 L 양을 통해 기능성 화장품을 처음으로 접했다. 자신의 피부에 처음으로 돈을 투자했다는 것에 화장품을 볼 때마다 행복하다고 하셨다. 늦은 나이가 되기 전에 언제 자신의 영혼이 떨리는지 파악하는 것은 남은 인생을 행복하게 보내기 위해 중요하다.

ex) 호텔에서 거품목욕을 할 때, 바다 뷰가 예쁜 카페에서 시간을 보낼 때, 통장에 잔고가 많을 때, 누군가에게 도움을 줬을 때 등.

## 버킷리스트

갖고 싶고, 하고 싶고, 배우고 싶은 것들을 개수 제한 없이 적어본다. 친구 Y 양과 함께 버킷리스트를 작성해보는 시간을 가졌는데 Y 양이 바라는 게 없어서 막막하다고 말했다. 내 친구 중 꿈이 가장 크고 명확한 친구였는데 너무 의외였다. 그래서 너 혹시 지금 스스로 한계를 두고 있는 거 아니냐는 말에 동의하며 자신에게 어린아이가 생기고, 벌이가 고정되다보니 뭔가를 바라는 마음이 사라졌다는 말을 하는 것이다. 그래서 모든 한계를 머릿속에서 지워버리고 써보라고 하니까 술술 써내려가는 것이었다. 버킷을 적을 때는 자신의 가능성에 한계를 두지 말고 소망을 적어야 하며, 아주 사소한 아이템을 구매하는 것부터 미래의 집과 자동차 등 금액에 상관없이 소망을 적어야 한다.

## 목표 수익

많은 사람들이 '얼마를 버는 게 목표예요?'라고 물었을 때 '40세까지 100억 자산이요'와 같이 구체적으로 언제까지 얼마를 벌겠다는 대답을 못 한다. 그만큼 돈에 대한 목표가 약하다. 그리고 내가 지금 벌고 있는 소득에서 한계를 두어 생각한다. 하지만 고성과를 내는 사람들은 내 수입의 천장을 만들지 않는다.

일단 맨 위에는 '돈이 나에게 넘치게 흘러들어온다'와 같이 부자 의식이 깃든 돈에 대한 확언을 눈에 띄게 쓴다. 현재의 경제 상황에 연연하기 위해 기록을 하는 것이 아니라 부자로 나아가기 위한 다짐이라고 보면 된다. 현재 나의 수입은 얼마이고, 앞으로 어떤 방식으로 수입을 얼마씩 늘릴 예정이고, 얼마의 돈이 모였을 때 어떻게 자금을 운용할지를 기록한다.

예를 들어 나는 1,000만 원으로 무점포 체인 사업을 시작해서 원금 회수는 물론 3년 뒤부터 매달 1,000만 원의 소득을 만들어냈고, 지금도 계속해서 수익이 늘고 있다. 반면 안정성을 추구하며 은행에 저축한 내 친구는 1%의 이자를 받으며 1년에 10만 원가량 되는 수익을 내는 데 그쳐야 했다.

따라서 자신이 원하는 금액을 정확하게 적어보는 것만으로도 수입을 불리는 데 굉장한 효과가 있다. 왜냐하면 어디에 돈을 써야 할지 막연해서 움켜쥐고 있는 것이 아니라 수익이 늘어날 수 있는 방법을 어떻게든 찾고 실행하게 되기 때문이다.


### 내가 소중하게 생각하는 사람들

가족, 친구, 멘토 등 나의 지인을 적어보는 것이다. 그 사람이 왜 고맙고 소중한지도 적어보는 것이다. 그러면 내게 이렇게 고마운 사람이 곁을 지켜준다는 것만으로도 내 인생이 값지게 느껴진다. 또한 감사한 마음이 내게 풍요로운 에너지를 높여준다. 풍요로운 에너지는 부의 길로 가는 첫 번째 느낌이다. 즉, 당신이 마음먹은 것을 이루는 원동력이 된다.

## 롤 모델

롤 모델이 있는 사람과 없는 사람은 성공의 속도 차이가 난다고 한다. 생각보다 많은 사람이 인생의 롤 모델을 지정해두지 않고 사는 경우가 많다. 하지만 닮고 싶은 사람의 마인드나 습관을 따라 하면 더 빠르게 원하는 모습을 갖출 수 있다. 카테고리별로 롤 모델을 나누어 적어보자. 예를 들어, 리더십은 오바마, 사업 마인드는 백종원, 사람을 대하는 태도는 유재석 등으로 구체적으로 내가 닮고 싶은 사람을 기록해본다.

내가 몸담고 있는 분야에서 먼저 성공을 거둔 사람을 롤 모델로 삼고, 그 사람의 언행을 관찰하고 똑같이 따라해보려고 하는 노력을 기울이면 시간을 단축하여 성공할 수 있다. 또한 롤 모델에게 직접 닮고 싶은 마음을 표현하여 가르침을 직접적으로 받는다면 더 좋다.


## 하루 일과

오늘 하루 동안 무엇을 할지를 미리 계획하는 것보다 더 중요한 것이 있다. 나의 하루를 일어나서 잠들기 전까지 1시간 단위로 무엇을 '했는지' 기록해보는 것이다. 그러면 내가 유튜브 영상을 보느라 1시간을 썼다든지, 친구랑 카톡으로 수다를 떨면서 버리는 시간이 많다는 걸 깨닫게 될 거다. 그러면 그동안 시간이 없어서 못 하고 있다고 미루던 것들을 해낼 시간을 확보할 수 있다. 그리고 내 시간의 주인으로서 생산적인 하루를 살 수 있도록 셀프 피드백이 된다.

## 구체적인 기록이 명확한 성공을 만든다

살아가는 대로 생각하지 않으려면 기록을 해야 한다. '벌써 1년이 반이나 지났네?'라고 느끼는 경우가 있을 것이다. 새해에 결심한 게 분명 있었는데 어느새 한 해가 반이 지나가고 내 목표는 흐지부지되어버리는 경우가 많다. 나를 깊이 파고드는 기록의 시간 없이 목표를 머릿속으로만 막연하게 갖고 있으면 행동에 변화가 생기지 않는다.

또한, 인생을 주체적으로 살지 못하고 매일 비슷한 일상을 반복하면서 원하는 삶을 살지 못하게 된다. 눈 뜨면 출근하고, 일 하고, 퇴근하고, 친구 만나고, 자기 전에 핸드폰 들여다보다 잠들고, 그렇게 반복적인 일상에 별다른 문제의식 없이 살 수도 있다.

기록은 나를 점검하게 하고, 분석하게 하고, 기획하게 한다. 나라는 움직이는 기업을 세계 최고의 기업으로 만들 수도, 작은 구멍가게로 만들 수도 있다. 그러니 목표하는 바가 있다면 반드시 기록해야 한다. 또한 목표를 찾고 싶을 때도 기록해야 한다. 당신이 원하는 삶을 기획하는 멋진 기록의 시간을 갖길 바란다.

# 감사 :
# 작은 것에도 감사한 사람은
# 하루가 풍성하다

부모들은 어린 자녀들이 말을 하기도 전부터 작은 물건을 하나 주면서도 고개를 꾸벅 숙이며 '고맙습니다.' 표현할 수 있도록 가르친다. 그렇게 우리는 아주 어릴 때부터 작은 것에 감사함을 느끼도록 배워왔다. 하지만 나이 먹으면서 감사함보다는 불평이 커지는 인생을 사는 사람들이 많다. 가진 것의 소중함을 잊고, 갖지 못한 것에 집중하는 마음 때문이다.

하지만 감사는 풍요로움으로 들어가는 열쇠다. 기름진 땅에서 굵직한 열매가 맺히듯 가진 것에 감사하는 여유로운 마음에서 풍요로운 현실이 시작된다. 풍요로운 인생을 살기 위해서는 내가 먼저 풍요로운 인간이 되어야 한다. 왜냐하면 풍요로움을 느낄 줄 아는 사람이 풍요로운 인생을 더 높게 쌓아갈 수 있기 때문이다. 그리고 그 풍요로움은 감사에서 출발한다.

감사는 긍정의 마음이기에 감사할수록 부정적인 마음은 자연스레 힘없이 물러난다. 부정의 기운이 강해지면 내 꿈을 향한 주파수가 망가진다. 그래서 망가진 주파수를 새롭게 하는 힘은 감사다. 감사함을 쉽게, 크게 느끼는 사람은 꿈을 이루어가는 원동력이 강하게 자리 잡힌다.

자연은 대가 없이 먹을 것을 제공하고, 멋진 풍경을 만들어낸다. 평생 누리고 살아서 당연했던 것들이 감사해지는 순간이 있지 않은가? 나는 봄마다 연두 잎의 새싹이 돋아나는 나무를 보면 반갑다. 시련과도 같았을 추운 겨울을 이겨내고 매년 봄이 되면 새롭게 태어나는 길가의 여린 잎들을 보면 큰 희망이 느껴진다. 희망을 묵묵하게 온몸으로 표현해주는 자연이 있다는 게 감사하다. 여름엔 소나기가 며칠을 이어지다가 화창하게 맑은 하늘을 보면 또 감사하다. 먹구름 낀 흐린 날도, 하염없이 내리던 비도 언젠가는 그친다는 것을 하늘이 말해준다.

일상이 주는 행복도 잃고 나서야 그 소중함을 알게 된다는 것을 코로나19 사태를 겪으면서 알게 되었다. 전 국민이 마스크를 쓰고 다니고, 사적 모임도 하지 못하고, 늦은 밤까지 자유롭게 외부 활동을 할 수 있던 것들이 제약을 받았다. 우리는 당연하게 생각했던 것들이 더 이상 당연한 것이 아닐 때에 비로소 평범한 일상이 감사한 것이었음을 느꼈다.

편안하게 몸을 뉘어 잘 잠자리가 있다는 것도 감사하다. 내가 안전하게 생활하고 쉴 수 있는 장소가 있다는 것도 당연한 것이 아니다. 나를 둘러싼 모든 것들, 그리고 내 삶을 지탱해준 모든 것들이 돌이켜보면 감사다.

이렇듯 시각을 바꾸면 감사할 것들이 더 많이 눈에 띈다. 매일 아침 눈을 떠서 하루를 시작하는 것 자체가 기적이 되고, 일상이 축복이 된다. 그렇게 나는 매일 기적을 누리는 존재가 된다. 숨을 편하게 쉴 수 있는 것, 음식을 꼭꼭 씹어 삼킬 수 있는 치아가 있는 것, 보고, 듣고, 말하고, 냄새를 맡을 수 있는 것 등등 어느 것 하나 기적이 아닌 게 없다.

어떻게 하면 감사에 둔감해진 감사한 마음을 회복시킬 수 있을까? '덕분'이라는 생각을 하는 것이다. 내가 누리는 것들이 다 누군가의 덕택이라는 것을 인정하는 것이다. 때론 좀 더 예민하게 덕분인 이유를 찾아보는 것이다.

하루는 글이 잘 써지는 날이 있었다. 그게 나는 카페의 분위기가 나를 그렇게 만들었다고 생각했다. 그리고 그 글의 반응이 매우 좋았다. 그때 나는 술술 써지는 글쓰기 시간을 갖게 카페와 그 장소를 나에게 추천한 사람 덕분이라고 생각했다. 글을 쓴 나 자신에게만 포커스를 맞출 때보다 글을 쓸 수 있는 환경이 주어진 덕분이라고 감사해하면 마음이 더 풍성해졌다. 그리고 장소를 추천해준 사람도 뿌듯해하고 고마워하면서 긍정의 감정이 증폭됐다.

그리고 가정에서도 마찬가지다. 부부끼리도 "당신 덕분이야."라는 말을 서로 할수록 이혼할 확률이 낮아졌다고 한다. 덕분이라는 말은 서로의 가치를 올려주는 말이다. 또한, 상대에게 힘이 되는 존재라는 자아 긍정감 때문에 가정의 분위기가 더 좋아진다.

'감사일기'를 쓰는 것도 추천한다. 감사하는 마음으로 하루 동안 감사했던 일 5가지를 쓰는 '감사일기'를 2주간 쓴 K 군은 자주 욱하던 마음이 차분해지고, 타인을 대하는 태도에 여유로움이 생겼다고 한다. 그렇게 내가 가진 것에 집중함으로써 나를 운이 좋은 사람이라고 인식하게 된다. 그런 만족감이 나를 충만하게 만들고 그 마음은 내게 여유를 가져다준다. 그리고 여유로운 마음은 더 큰 성장을 준비하는 연료가 된다.

하루 세 끼 당연히 먹는 식사일지라도 사 먹을 수 있는 돈이 있음에 감사하다. 그리고 씻고 마실 수 있는 물이 있다는 것에 감사하다. 집 앞까지 배달되는 택배를 받는 일, 버스나 열차가 몇 분 뒤에 도착하는지 알려주는 전산 시스템 등등 내가 누리는 편리함을 대가 없이 누리고 있음 또한 감사하다. 이렇듯 우리는 자연이 거저 주는 것과 여러 사람들의 보이지 않는 수고들이 더해져서 편안한 삶을 살아가고 있다. 이것만으로 하루에 감사할 일이 최소 5개는 생긴다.

감사한 마음을 자주 갖는 사람은 평안을 찾는다. 기독교에서 알려주는 기도 형식은 하나님께 감사, 회개, 소망을 고백하는 것이다. 영적인 세계에서도 감사하는 마음이 강조된다는 뜻이다. 감사는 나의 마음을 회복시키는 주문이다. 그래서 모든 것이 다 싫게만 느껴지는 극도의 부정적인 마음의 상태일 때도 일단 "감사합니다."라고 말로 내뱉고 나면, 내 뇌는 나조차 인식하지 못했던 내게 감사한 일을 알아서 찾아낸다. 그러면 마음이 편안해지는 것을 느낀다.

또한 감사의 눈으로 볼 때 어떠한 어려운 일에 직면하더라도 결국 나를 더 멋진 곳으로 인도하기 위한 과정으로 받아들인다. 그리고 그건 사실이다. 모든 어려움은 나에게 배움으로 작용하고, 한 단계 더 성숙한 사람이 되는 경험으로 작용한다. 반대로 불평하는 사람은 발전할 기회를 잃는다. 과거와 현재에 머물러 미래를 준비할 마음의 여유조차 갖지 못하는 것이다.

함께 일하는 사람들끼리도 서로 감사한 마음을 가지면 그 사람에 대한 호감이 올라간다. 그러면 함께 일하는 것이 더 즐거워진다. 일이 즐거우면 능률이 오르고, 성과가 오르는 선순환도 경험하게 된다. 그렇게 성취와 보람이 커지면서 일의 진정한 의미를 찾게 된다. 나도 누군가에 도움이 되는 역할을 할 수 있다는 것에 감사하며 더 보람 있는 삶을 살 수 있게 된다.

감사한 마음은 나의 가치를 재발견하는 힘이 된다. 나를 남과 비교하지 않고, 내가 가진 것에 집중할 수 있으니 나만의 매력도 잘 찾고 훨씬 더 키워나갈 수 있다. 그리고 대인 관계를 더욱 원활하게 한다.

나와 인연이 닿는 모든 사람들에게 감사함을 느끼면 일상이 넘치게 풍요로워진다. 그 풍요로운 마음이 내게 더 멋진 인생을 준비할 수 있는 커다란 연료가 된다. 결국 감사는 풍요로운 인생을 위한 강력한 주문이다. 이 책을 읽는 지금도 소리 내어 "감사합니다."라고 뱉어보자. 나비효과의 날개짓처럼 작은 날개짓이지만 큰 파장을 일으킬 것이다.

# 변화 :
# 작은 변화로 큰 성과
# 만들어내기

머리를 단발로 자른다든가, 최신형 휴대폰으로 바꾸는 것만으로 매출의 효과가 달라진다면 믿을 수 있는가? 나는 나비의 작은 날개짓이 지구 반대편에 태풍을 만들어낸다는 '나비효과' 이론을 강력하게 믿는다. 나의 작은 변화가 내 인생에 시너지로 작용하고, 나아가 다른 사람들에게도 선한 영향력을 미칠 수 있다고 생각한다.

아주 작은 예로는 나는 젊은 나이임에도 불구하고 최신 기기에 대한 관심이 큰 편이 아니다. 오히려 기기보다는 종이와 펜을 사랑하는 아날로그형 감성주의자였다. 그러다 친구가 아이패드 사용을 강력하게 추천하는 것을 시작으로 아이패드 사용에 대한 관심이 생겼고, 결국 구매로 이어졌다.

작년에 내가 아이패드를 산 건 한 해 동안 가장 잘한 일 베스트로 뽑힐 만큼 일이 능률을 높여줬다. 사업 설명할 때도 좋았고, 팀원 관리의 능률도 좋았고, 이미지 자료를 만드는 데에도 효과적이었다. 또한, 내가 아이패드를 활용하여 일하는 모습을 본 다른 사업자들도 구매하기 시작했다. 모두 최신 기기를 활용하여 사업을 진행하니 우리 그룹이 체계적으로 업무를 진행하는 데 큰 도움이 되었다.

## 스타일을 바꿔라

나의 평소 스타일링은 청바지를 입고, 단화와 에코백을 즐겨 착용했다. 그러다가 사업을 시작하고 원피스를 입고 구두를 신고 다니게 됐다. 그렇게 바뀐 옷차림으로 사촌언니가 근무하던 병원에 들른 적이 있다. 그때 언니는 나를 위아래로 쳐다봤다. 그때는 언니가 날 왜 그렇게 쳐다봤는지 몰랐었다.

며칠 뒤 언니도 내가 사업하는 회사의 본사에 가보고 싶다고 했다. 그렇게 언니는 사업설명을 들으러 병원 월차를 내고 왔다. 그리고 나와 함께 사업을 하게 되었다. 언니가 사업을 시작하고 내게 알려준 것은 사촌언니 눈에는 내가 되게 잘 나가는 것처럼 보였다고 했다.

내가 처음 사업을 시작했을 때는 사실 큰 실적이 있지 않았다. 하지만 바뀐 스타일만으로도 언니에게는 잘 나가는 사업가의 모습으로 보였던 것이다. 그때 나는 알게 됐다. 일단 내 모습부터 내가 원하는 지점에 도달한 모습으로 바꾸고, 행동해야 한다는 것을. 그러면 결과가 따라오고 결국 내가 바라던 모습에 빠르게 도달한다는 것을 알았다.

## 생각을 바꿔 표정을 바꿔라

눈코입이 예쁘지만 풍기는 기운이 좋지 않은 사람들이 있다. 그 사람이 살면서 자주 해왔던 생각이 그 사람의 눈빛과 표정을 만들었기 때문이라고 생각한다. 그러니 평소의 생각을 관리해야 한다. 생각을 바꾸는 것만으로도 표정이 바뀐다. 표정은 근육이다. 그리고 근육은 자주 활용하는 쪽으로 굳는다. 당신은 어떤 표정이 주로 짓고 있는가?

매사에 긍정적이고 자신감이 있는 사람의 눈동자에는 총기가 있다. 그렇게 밝은 표정을 가진 사람에게는 더 많은 기회가 열린다. 풍기는 기운이 좋기 때문에 더 많은 사람들이 함께 하게 되면서 기회들이 열린다. 기회는 사람을 통해 오기 때문이다.

그럼 어떻게 생각을 관리해야 할까? 첫 번째로 의식을 변화시키는 책을 읽는 것이 중요하다. 단순히 위로를 해주는 책이 아닌, 실질적으로 잠재의식을 바꿔줄 수 있는 책들이 있다. 잠재의식이 바뀌면 내 인생이 저절로 바뀌는 체험을 시작한다. 성공자들의 스토리를 읽어라. 그러면 같은 상황에서 그 사람들은 어떻게 사고하고, 행동했는지 구체적으로 나와 있다. 성공은 모방이다. 이미 성공을 이룬 사람의 생각과 행동 방식을 따라 하기 쉽게 책에 구체적으로 알려준다.

얼마 전 내게 있던 일이었다. 대량의 택배를 보내는 날이었다. 오르막 길로 가지고 올라가던 박스들이 카트에서 다 떨어져서 그 안에 들어 있는 제품들까지 우수수 떨어졌다. 날씨도 덥고, 뒤의 약속까지 시간이 넉넉하지 않던 참인데 이렇게 해프닝까지 생기니까 1초 정도 화가 났다. 하지만 바로 웃었다. '아, 웃겨.'라고 생각하고 웃어버리니까 그 상황은 하나의 시트콤 장면이 된다. '이래서 내 인생은 재밌지.'라고 생각하니 짜증 낼 게 없고 지나가던 행인들이랑 같이 웃을 수 있었다. 화장실 가던 직원이 내 박스가 쏟아지는 장면을 보고 카트를 가져와 내 일을 도와주었다. 일도 금방 해결됐고, 훈훈한 정도 느낄 수 있었다.

## 만나는 사람을 바꿔라

자주 만나는 사람 다섯 명의 평균이 나라는 말. 어떤 관심사로 대화를 나누는지, 어떤 가치관으로 살아가는 사람의 태도를 곁에서 보고 배울 것인지, 그리고 내가 어떤 분야에 있는 사람들과 어울릴 것인지는 너무 중요하다. 자주 보고 듣는 것에 의해서 나도 모르는 새 나의 말버릇, 생각버릇이 바뀐다.

지금 내 주변에 불평불만만 늘어놓는 사람이 있다면 의식적으로 멀리해야 할 것이다. 나의 기운을 부정적으로 만들고, 나의 생산성을 떨어뜨리게 될 것이다. 하지만 그 사람이 소중한 사람이라면 그 사람에게 생각의 전환을 시킬 수 있도록 나라도 정신을 똑바로 차려야 한다. 주변 사람이 하는 말에 휘둘리지 말고, 내가 그 사람의 에너지까지 긍정으로 바꿔줄 수 있을 만큼 나의 태도를 바로 세워야 한다. 그럼에도 불구하고 주변 사람의 부정적인 기운에 마음이 어렵다면 전략적으로 그 사람과 이전보다 덜 볼 수 있게 관계에 거리를 둬야 한다. 당신이 원하는 삶을 살기 위해 결단이 필요하다.

적극적으로 사람을 통해 도움이 되는 방법은 멘토를 찾는 것이다. 멘토도 좋은 멘토가 따로 있다. 나의 현재의 모습보다 미래 가치를 볼 줄 아는 사람이어야 한다. 당신의 위대한 잠재력을 볼 줄 알고, 그렇게 대하는 사람을 찾아야 한다. 이런 멘토는 당신에게 더 큰 그림을 그릴 수 있도록 안내자가 되어줄 것이다.

나의 경우는 그룹의 백수환 상무님과 박우섭 대표님께서 사업의 비전을 크게 제시해주시면서 더 큰 생각으로 사업에 임할 수 있게 소통해주셨다. 성과가 부진할 때에도 나를 믿고 지지해주시며 따뜻한 관심과 애정으로 조언을 아끼지 않아주셨다. 더 큰 그림을 볼 줄 아시는 멘토의 조언을 받으며 성장할 수 있다는 건 시간을 절약하여 더 큰 성과를 낼 수 있는 방법이다.

또한 〈한책협〉에 소속되어 책 쓰기 수업 과정을 듣는 동안 김태광 대표님, 권동희 대표님 두 분을 통해 크게 의식 성장이 되었다. 김태광 코치님은 〈한책협〉의 독자적인 '책 출판 가이드 시스템'을 만들어낸 분이시다. 12년간 1,200명의 작가를 배출하실 만큼 실력자이시고, 놀라울 만한 사명감으로 코칭을 해주신다.

두 분은 빚으로 시작하여 자수성가로 200억 자산가 부부가 되셨다. 그렇기에 모든 사람들의 잠재력 또한 믿는 마음으로 퍼스널 브랜딩을 위한 책 쓰기와 의식 성장 코칭을 도와주신다. 내가 좋은 멘토를 만나고 싶다고 마음을 먹는 순간, 당신에게도 좋은 인연이 되어줄 사람이 예비된다고 확신한다.

## 말버릇을 바꿔라

'짜증 나.'라는 말을 달고 사는 사람들이 있다. 본인도 모르게 자신의 삶이 꼬이게 만드는 말버릇이다. 더 잘될 수 있는데 습관적으로 하는 말들이 더 큰 성장을 막고, 생산적인 생각을 못 하게 하고, 운을 막는다.

나는 화가 나는 일이 생기면 '감사합니다'를 반복해서 말한다. 그냥 일단 감사하고 보는 거다. 그럼 내 머리는 용케도 그 화나는 상황 속에서도 감사할 이유가 생각난다. 그러고 나면 상황에 잠식되지 않고 상황을 객관적으로 분석하는 사고 회로가 돌아간다. 그리고 상황을 입체적으로 생각할 수 있게 된다. '감사합니다'는 엄청나게 힘이 센 주문과도 같다.

당신을 부정의 기운으로부터 철저하게 보호해주고, 당신의 마음이 어려운 상황 속에서도 감사를 찾는 태도에 하늘이 감동하여 더 큰 보상을 준다. 나는 어려운 일이 닥칠 때마다 눈물을 흘리면서도 감사하다고 중얼거렸다. 그렇게 할 때에 위기가 기회가 되고 예상치 못하게 문제가 해결되는 것들을 많이 경험했다. 실제로 당신에게 일어나는 모든 일은 당신이 어떻게 받아들이느냐에 따라서 더 멋진 인생을 살기 위한 과정이 될 수 있다.

삶의 작은 부분부터 바꿔봐라. 헤어스타일이든, 옷차림이든 나를 기분 좋게 하는 변화를 줘라. 그리고 항상 내 생각을 관리하여 밝은 표정의 얼굴 근육을 발달시켜라. 40대가 넘어가면 내 인상에 책임져야 한다고 한다. 만나는 사람을 의식적으로 바꾸어 더 큰 꿈을 꾸며 더 많은 기회를 만들어나가야 한다. 그렇게 변화를 주며 노력하는 과정에서 어떠한 풍파가 오더라도 감사해라. 감사는 가장 쉽고 강력한 주문이다. 당신은 이 작은 노력만으로도 나의 내면이 크게 변화한다는 것을 분명하게 느낄 것이다. 그리고 당신의 변화된 내면은 당신을 둘러싼 외부 환경의 변화로 결과를 드러낼 것이다.

# 06

# 경청 :
## 말하는 사람보다
## 듣는 사람이 되라

남의 말은 안 듣고 본인이 하고 싶은 말만 늘어놓는 사람을 보면 어떤 생각이 드는가? 자신 밖에 모르는 사람이라는 생각이 든다. 반대로, 다른 사람의 말을 잘 들어주는 사람을 보면 어떤 생각이 드는가?  여유가 느껴지고, 내공 있게 느껴진다.

대화를 잘하는 사람의 특징은 본인이 하고 싶은 말의 핵심을 잘 전달하고, 상대방 말의 핵심을 잘 캐치하는 사람이다. 대화 속에서 중심을 잘 잡아가는 사람이다.

그런 사람이 바로, 잘 듣는 사람이다. 상대를 잘 파악해야 내 의사 전달을 효과적으로 할 수 있고, 상대가 말하고자 하는 핵심을 잘 파악해서 엉뚱한 대답을 하는 것이 아니라 정확한 소통을 할 수 있다. 그런 의미에서 경청을 잘하는 사람은 다른 리더의 자리까지 오르기 쉽다. 또한 같은 리더의 자리에서도 존경 받는 리더가 될 수 있다.

말을 많이 하게 되면 실수를 할 확률이 높아진다. 괜히 안 해도 될 말을 해서 오해가 생기거나, 분위기를 망치는 경우도 있다. 나 역시도 상대방이 궁금해하지 않는 것까지 과도한 친절로 설명하다가 일을 그르친 적이 있다. 상대방이 내 말을 이해할 수 없는 타이밍에 앞서 설명하다 보니 오해를 만들었고 그래서 크게 난처해진 것이다. 그 뒤 나는 아무리 상대에게 도움이 될 말이라도 상대방이 들을 준비가 된 상황이 아니라면 일단 말을 아끼고 적절한 타이밍을 기다렸다가 해주는 습관을 갖게 되었다.

초면에 서로를 알아가는 자리에서 차라리 말을 아끼자. 당신이 말재주가 없다면 어색함을 풀기 위해 이 말 저 말을 하다 보면 안 해도 될 말이나, 물어보지 말아야 할 질문을 던질 수도 있다. 말을 아끼고 상대방이 편안하게 말을 해줄 수 있게 분위기를 유도하는 편이 더 낫다. 그렇다면 상대가 어떻게 하면 내게 편안하게 말을 할 수 있을까?

상대방에게 칭찬을 하자. 내가 상대방에게 호감을 갖고 있다는 것을 알면 더 마음 편안하게 대화가 시작될 수 있다. 상대방의 패션 센스나,

헤어스타일, 혹은 목소리나 피부 등 어떻게든 하나를 찾아내서 구체적으로 칭찬하는 것이다. 당신이 자신을 알아봐준다는 것만으로도 경계를 풀고 조금 더 편안한 분위기에서 대화를 할 수 있을 것이다.

그리고 대화가 시작되면 그 사람이 하는 말에 진심으로 귀 기울여보자. 많은 책에서 대화에 호응하는 기법을 소개하는데, 물론 그런 기술로 잘 듣고 있음을 효과적으로 드러낼 수 있지만 정말로 잘 듣는 것이 중요하다. 내가 상대방이 하는 말에 주의를 기울이면 확실히 상대방의 마음까지도 전달받으면서 상대방이 무슨 의도로 이 말을 하는지 더 잘 헤아릴 수가 있다.


내가 사업을 막 시작했을 때는 어떻게든 내 생각을 다른 사람에게 관철시키기 위해서 내가 알고 있는 멋진 멘트와 좋은 정보를 쏟아놓듯이 얘기했었다. 하지만 들을 준비가 되지 않은 상대에게 이러한 말들은 모두 소음에 불과하다는 것을 알았다. 그 뒤로는 들을 준비가 된 사람들에게 이야기를 한다. 그리고 들을 준비가 되게 만든다. 그것은 상대가 하고픈 말을 먼저 다 하게 만드는 것이다.


결국 말이라는 건 마음과 생각을 표현하는 수단이기 때문에 상대방 말을 잘 들어준다는 것은 상대방을 존중해주는 가장 기초적인 방법이기도 하다. '나는 당신에게서 나오는 이야기들을 모두 존중합니다.' 즉, '당신을 존중합니다.' 만나는 사람들에게 자신이 존중받는다는 느낌을 준다는 것은 작은 의미의 인류애를 실천하는 거라고 생각한다. 경청 하나가 너무 거창하게 들릴 수도 있겠지만, 그만큼 사람들은 자기 삶 외에는 관심이 많이 없다. 그렇다 보니 자신의 이야기에 진심으로 귀 기울이는 사람이 있다는 것만으로도 따뜻한 인정을 느낀다.

매스컴에서 심리 상담사로 활약하고 있는 오은영 박사님을 봐도 그렇다. 내담자의 상황에 몰입하며, 내담자가 어떤 마음이 있길래 이런 말을 하는지 정확히 들여다본다. 그리고 내담자가 자신이 먼저 꺼낼 수 없던 이야기를 꺼내놓을 수 있게 질문으로 유도한다.

우리가 전문가처럼 잘 듣고, 상담을 해줄 수 있는 건 아니지만 오은영 박사님이 가진 따뜻한 에너지는 갖추려고 노력해볼 수 있다. 그 따뜻한 에너지에 감동받은 사람이 분명 있을 것이다. 그리고 이런 에너지는 평소에 꾸준히 노력하지 않으면 하루아침에 생기지 않으니 늘 듣는 태도를 진정성 있게 연습해야 한다.

2020년 벤츠 301대를 판매한 영업왕 권장섭 씨는 '영업의 핵심은 경청'이라고 표현했다. "말은 연습하면 누구나 잘할 수 있고, 정보도 아주 많다." 하지만 "수많은 정보 중에서도 고객이 원하는 정보에 집중해서 전달하려면 말하기 전에 먼저 듣는 자세가 필요하다"고 했다.

그는 2016년도 82대를 시작으로 매년 155대, 159대, 253대로 매출을 성장시켰다. 고객이 궁금한 것에 진심으로 경청하고 해결해주는 자세를 보이니 고객이 감동하여 더 계약을 하는 것 같다고 표현했다.

대부분의 세일즈를 하는 사람들은 자신의 상품이 최고인 것을 끊임없이 말한다. 하지만 진짜 고수는 상대방의 가려운 점을 캐치하여 이 상품이 당신에게 그것을 해결해줄 수 있을 거라는 것을 짚어준다. 상대가 나에게 말을 많이 하도록 하는 것이다. 내가 당신의 말을 들을 준비가 되었음을, 그리고 적극적으로 듣고 있음을 눈빛과 태도로 보여주는 것이다. 그러면 상대는 2개만 말하려던 마음에서 10개를 터놓게 된다. 그 속에서 상대방의 진짜 니즈를 파악할 수 있고, 그것이 고객과 세일즈 하는 사람 모두를 만족시키는 결과를 만들어낸다. 고객은 자신이 간지러운 곳을 해결했고, 세일즈 하는 사람은 고객에게 도움이 되는 정보를 준 것이다.

또한 잘 듣는 기술은 나에게 달콤한 말만 잘 듣는 것이 아니다. 내게 쓴 말도 귀담아 듣고, 그 말이 내 성장을 위해 새겨들어야 할 말이면 거부하지 않고 듣는 자세가 필요하다. 성장을 멈추지 않는 사람의 특징은 자신을 향한 피드백에 열린 마음으로 소통한다는 것이다. 그런 자세를 가진 사람은 아집 없이 포용력이 있는 사람으로 비춰진다.

다른 사람들 말 속에 당신의 성공을 위한 힌트가 있다. 그것만 바꾸면 더 나은 결과를 낼 수 있다면 그것을 바꿔보는 것이다. 자존감이 낮은 사람은 다른 사람이 해주는 피드백이 기분 나쁘게 들릴 수 있지만 건강한 자존감을 가진 사람은 그 말을 통해 자신이 더 도약할 것이라 믿고 다짐한다. 그리고 듣고도 바뀌지 않는다면, 그건 정말 들은 것이 아니다. 진심으로 타인의 피드백을 수용한다면 바뀌어야 한다.

자신이 만약 바뀌지 않는다면 그건 아직 다른 사람의 말을 들을 준비가 된 것이 아니다. 들을 준비가 된 것처럼 보이고 행동할 뿐이다. 내가 그랬었다. 사업을 하며 나에게 더 잘되길 바라는 마음으로 조언해주시는 분들의 말을 듣는 것 같았지만 듣는 척을 했던 것이었다. 내가 하는 방식으로 잘됐으면 상담이 필요 없었을 텐데 상담을 하러 가서도 내 생각으로 꽉 채운 상태에서 말을 들으니 스펀지처럼 흡수해서 내 것이 되지 못한 것이었다.

정말 다 내려놓고 피드백을 경청하면 진심으로 나를 위해 하는 말임을 수긍하고 조금씩이라도 변해보려고 노력하게 된다. 하지만 겉으로만 알겠다고 할 때는 또 금방 익숙한 내 방식대로 돌아가게 된다. 그러니 진정한 의미에서 경청이라는 것은 말 그대로 잘 듣고 끝내는 것이 아닌 잘 듣고 행하는 것 아닐까?

당신이 정말 무언가를 해내기 위해서는 다른 사람들의 도움이 꼭 필요하다. 나 혼자 이룰 수 있는 성과는 없다. 나의 성과를 위해서는 내 상품을 혹은 콘텐츠를 구매해줄 고객이 있어야 하고, 나를 더 성장시킬 객관적인 조언자가 있어야 하다. 그 과정에서 대화는 불가피하다.

 따라서 성공자의 기본적인 태도를 익혀보자. 경청의 기술을 익히기보다는 경청이 저절로 되도록 마음을 바꿔보자. 그럼 대화의 깊이가 달라질 것이다. 나의 말을 한 템포 아끼고 상대방이 말할 기회를 세 템포 줘보자. 그럼 그 속에서 당신이 열 마디 하는 것보다 나은 결과를 얻어낼 것이다.

# 07

# 표현 :
# 눈치 보지 말고
# 나를 있는 그대로 드러내기

우리는 자신의 견해를 진지하게 드러내는 사람들을 언젠가부터 '진지충'이라는 단어로 비아냥거리는 시선이 생겼다. 그리고 자신의 감정을 드러내는 글을 쓰는 사람들을 '감성충'이라고 표현하며 놀리는 문화가 생겼다.

이렇게 자유로운 의사표현이 존중되어야 하는 시대임에도 불구하고 '이렇게 말하면 내가 진지충으로 보일까.', '감성충 같을까.' 생각하게 만들어 버린다. 자신이 하고 싶은 말을 솔직하게 드러내기 어려운 분위기가 만들어졌다. 하지만 남들이 나를 어떻게 볼까 생각하는 마음 때문에 조심스러워만 하다가 내 청춘이 끝날 수도 있다.

　다른 사람의 눈치를 왜 보는 걸까? 나에 대한 정의를 내가 내리지 못하니, 다른 사람이 나를 정의하는 것을 신경 쓰는 것이다. 내가 나를 인정해주지 못하니 남이 나를 인정해주길 바라는 마음에서 인정받기 위한 행동을 계속 살피는 것이다. 상대방에 의해 자기 가치가 평가 된다고 생각하니 좋은 평가를 받고 싶은 마음이 든다. 그렇다 보니 나의 기분보다 상대의 기분을 파악하는 일이 우선이 된다. 상대방이 혹시 이 말을 기분 나빠하지 않을까 생각하며 나의 의사결정의 주도권이 상대방에게 가 있는 것이다.

　내 의견을 마음껏 피력하라고 해서 무례하게 생각나는 대로 말을 쉽게 내뱉으라는 것이 아니다. 내가 지당하게 해야 할 말도 못 하는 게 문제다. 당신이 당신의 의견을 있는 그대로 드러내도 안전하다. 서로 존중하는 마음이 있는 사람들과 함께라면 당신을 이상하게 생각할 사람이 없다. 그럼에도 불구하고 자신의 말과 행동을 너무 의식하고 검열을 한다.

　자기표현의 시대다. 나를 있는 그대로 드러내는 것이 자유로운 것이다. 자유로운 것이 멋이 된다. 당신만의 스타일이 된다. 나를 다른 사람과 비슷해 보이기 위해 자기 검열하고, 감추고 포장하면 내 것이 아닌 남의 것으로 살아가게 되는 것이다. 그리고 나는 점점 더 기성품이 되어간다.

기성품처럼 되는 것을 경계해야 한다. 조금 어설퍼도 내가 가고 싶은 길을 가야 한다. 나를 일반적인 생각에 맞추려고 하면서부터 나의 개성을 잃게 되는 것이다. 자존감이 낮은 사람들은 자기의 개성보다는 일반적으로 통용된 문화에 자신을 맞추려고 한다. 남들이 입는 옷, 남들이 쓰는 말투 이런 것들을 따라 하는 것으로 내 색깔을 드러내는 것을 주저한다.

가수 서태지가 다른 사람의 눈치를 보느라 단발머리를 기르지 않고, 자신이 하고 싶은 말을 가사에 담지 않았다면 전설의 가수로 남지 못했을 것이다. 서태지의 등장으로 새로운 대중가요 문화가 열렸고, 우리는 더 다채로운 형식으로 음악을 즐길 수 있게 되었다.

라이트 형제가 하늘을 날아서 이동한다는 생각을 처음 했을 때는 사람들이 모두 미쳤다고 했을 것이다. 하지만 라이트 형제는 비행기라는 이동 수단을 만들어냈고, 지금은 하늘을 날아서 국경을 이동하는 것이 너무 당연한 방법이 되었다. 라이트 형제가 아니었다면 우리는 여전히 배를 타고 오랜 시간에 걸쳐 해외 출장과 해외여행을 다녀야 했을 수도 있다.

이렇게 익숙한 것을 벗어난 생각들이 삶을 편리하게 하고, 더 재밌게 하고, 풍성하게 만든다. 독특한 생각을 가진 사람들이 기존에 없던 것들을 창조하는 힘이 있다. 남들과 다르다는 이유로 무시하는 시선이 있기 때문에 자존감이 낮은 사람들은 자신의 목소리를 내고 꿈을 실현시키는 것에 주저한다.

〈한책협〉의 권동희 대표님은 닭들 사이에서 백조처럼 살라고 이야기하신다. 백조는 닭들 사이에 있으면 튈 수밖에 없다. 그리고 닭들은 본인들과 다른 백조의 털을 부리로 공격할 수도 있다. 하지만 그렇다고 백조가 백조이기를 포기하고 닭으로 살 수는 없다. 다른 사람들의 수준에 나를 맞추기보다는 내가 나를 백조라고 생각하고 계속 내가 가고 싶은 길을 가면 된다. 내가 이미 백조인데 닭으로 보이기 위해 애써 노력할 필요가 없다. 자신의 가치를 당당하게 드러내보자.

다른 사람들 시선 다 신경 쓰면서 사는 것이 얼마나 피곤한 일인가? 눈치 보는 것에 에너지를 쓰면, 정말 중요한 일에 에너지를 온전히 쏟지 못한다. 당신은 당신의 삶을 기획하고, 실현해나가는 것에 모든 에너지를 투입해야 한다. 다른 사람의 눈치를 보면서 나를 표현해야 할 기회를 놓치지 않아야 한다. 자신에게 잠재된 생각과 의견이 자유롭게 표현될 때 당신의 모든 가능성이 폭발한다.

서로 다른 생각이 자유롭게 표현될 수 있도록 사회적으로도 다양성이 존중되어야 한다. 개인의 의사가 자유롭게 표현되어서 다양한 멋이 공존해야 멋진 아이디어들이 모여 더욱 풍성한 세상이 된다. 수많은 사람이 모여도 저마다 서로 다른 매력을 풍기기 때문에 재밌는 것이다. 마치 로봇처럼 설정 값이 비슷한 사람들이 모여서 무슨 재밌는 일들을 도모할 수 있겠는가.

자신이 원하는 목표를 달성하는 사람들은 자신의 의견을 적극적으로 내는 데 거침없던 사람들이다. 내 꿈을 이루기 위해서라면 내가 원하는 목표를 자신 있게 선포하고, 그것을 이루기 위한 방법에만 집중한다. 하지만 내가 이렇게 목표를 외쳤다가 못 이루면 어떡하지 하는 의기소침함이 내 꿈이 이루어지는 문을 스스로 닫게 만든다. 거침없이 꿈꾸고, 내 꿈을 정확하게 표현할 줄 아는 사람에게 더 많은 기회가 온다.

예를 들어 힐러리는 빌 클린턴과 연애를 하던 시절부터 자신의 남자친구가 대통령이 될 거라고 당당하게 말하고 다녔다. 즉, 자신은 영부인이 될 거라고 굳게 믿은 것이다. 그렇게 말하고 다닐 때 빌은 아직 20대 후반의 나이었고, 딱히 내세울 프로필을 가진 사람이 아니었다. 그래서 많은 사람들이 힐러리가 헛소리를 한다고 생각했다.

하지만 빌 클린턴은 후에 미국 대통령이 되었다. 힐러리가 굳게 믿고, 그녀의 계획과 생각을 당당하게 표현한 것은 그녀에게 꿈을 이룰 수 있는 초석이 되었다.

왜냐하면 내가 꿈을 여러 사람에게 알리는 순간, 내 꿈을 이룰 수 있게 도와줄 조력자들이 생기기도 하고, 그러한 환경이 갖추어지게 다양한 계기들이 생길 수 있다. 하지만 다른 사람들의 눈치를 보느라 내 꿈 한 번 시원하게 뱉어보지 못한 사람들은 혼자 조용히 그 꿈을 이룰지라도 더 크게 나아가지는 못하고, 작은 성취에 멈추게 될 것이다.

자기표현을 정확히 할 수 있다는 건 높은 자존감이 반영된 모습이다. 자신의 견해를 정확하게 아는 사람이 자신의 목소리를 낼 수 있다. 그리고 자신이 옳다고 생각하는 것을 주장할 수 있고, 자신에게 맞지 않다고 생각하는 것은 거절할 수 있는 용기도 있다. 주변의 생각에 타협하지 않고 나를 드러낼 수 있는 것은 높은 수준의 자아 존중감인 것이다.

삶의 무게 중심이 나에게 있는 사람은 치우침이 없다. 즉, 높은 자존감은 결국 성공으로 이끄는 길이다. 나를 당당하게 드러내고, 당당함은 매력이 된다. 그리고 나만의 개성과 멋이 만들어진다.

당신은 누구로 살 것인가. 누군가의 눈치를 보느라 나로 한 번도 살아보지 못하고 생을 마치면 너무 억울하지 않을까. 내가 나를 먼저 정의하면 다른 사람이 나를 마음대로 평가하는 것에 휘둘리지 않는 힘이 생긴다. 당신은 결국 자신만의 경험과 자신만의 개성으로 성공할 사람이다. 내가 지금 이 책을 읽는 사람을 믿는 것처럼 당신도 당신을 완벽하게 믿고, 다른 사람의 눈치 따위는 보지 않길 바란다. 당신은 당신으로서 충분히 해낼 힘이 있다.

The secrets of the people

- 5장 -

그럼에도 불구하고
당신은 결국
**해내는 사람입니다**

# 꿈이 없다고
# 말하는
# 당신에게

'꿈이 뭐예요?'라고 물었을 때 망설임 없이 대답할 수 있는 사람은 얼마 되지 않는다. 꿈이라는 건 초등학교 때 장래희망 적는 칸에 채우는 단어에 불과하다고 생각하는 사람들이 많다. 그래서 성적에 맞추어 대학을 진학하고, 전공한 과를 살려서 취업을 하는 것이 보통의 사람들이다. 그렇게 내 사업이 아닌, 직장 생활을 하다 보면 내가 주체가 되는 꿈을 가진 사람들이 거의 없다. 대학 진학 없이 바로 사회생활로 뛰어들어도, 꿈이 있기보다는 먹고살아야 하니까 고군분투하느라 꿈이라는 걸 생각하고, 도전해볼 수도 없다고 생각하는 사람들도 있다.

하지만 난 이 지구에 태어난 이상 목적 없이 태어난 사람은 없다고 생각한다. 왜 인간은 법적으로 정해진 것도 아닌데, 어릴 때부터 어른들이 '넌 꿈이 뭐니?'라고 물어보고, 학교에는 장래희망을 적는 칸이 있는 이유는 뭘까? 과거부터 지금까지 사람으로 태어난 이상 '되고 싶은 내 모습'이 본능적으로 존재한다는 것이다.

나는 열 살 무렵부터 살고 싶다고 생각한 집이 있다. 누가 나에게 '넌 어떤 집에서 살고 싶니?'라고 콕 집어 물어본 사람이 없는데도 불구하고 한 번 시작한 상상은 반복적으로 이루어졌다. 방의 구조는 어떻고, 인테리어는 어떻게 되어 있고, 어떤 분위기의 집인지 자기 전마다 구체적으로 상상했다. 신기하지 않은가? 누가 숙제를 내준 것도 아닌데 왜 나는 그 집을 반복적으로 상상했을까? 한 번도 살아보지도 않은 규모의 공간임에도 불구하고 생생하게 그릴 수 있다.

꿈이라는 건 누가 시키지 않아도 소망하는 것이다. 다른 사람이 나에게 '너 이거 꿈 꿔.'라고 강요할 수도 없다. 또, 내가 꼭 하고 싶은 게 있다면 '나 이 꿈을 꾸고 싶지 않아.'라고 거부한다 해도 꿈이 사라지지 않는다. 그런 꿈이 누구에게나 분명히 있다. 하지만 꿈이 없다고 말하는 사람은 내가 그 꿈을 이룰 수 없는 환경이라고 판단했기 때문에 없다고 말하고 싶을 뿐이다. 네빌 고다드는 말한다.

"모든 폭군 중에서 가장 잔인했던 폭군, 범죄자들 중에서 가장 극악무

도했던 범죄자, 가난한 자 중에서 가장 가난했던 자는 모두 자기 자신입니다. 이제는 더 이상 자기 자신에게 비난을 퍼붓지 않고 대신에 용서의 팔을 벌리고는 고귀한 생각들로 채우기 시작합니다. 우선은 자신의 모습을 최상의 모습으로 상상하고 나를 둘러싼 세상에 그것을 나누어주기 시작해야 한다는 것을 깨닫게 될 것입니다."

어쩌면 내 모든 가능성을 내가 먼저 꺾어버린 것은 아닐까. 우리는 마음먹은 것은 뭐든 이룰 수 있는 힘이 있다. 나를 이루는 어떠한 환경과 상관없이 누구든, 정확하게 마음을 먹는 순간부터 그 꿈은 이루어질 수 있다. 다만 내가 미리 포기를 하고, 미리 안 된다고 생각하기 때문에 그 어떠한 것도 마음을 먹을 수가 없는 것이다.

꿈은 꼭 직업 이름과 같이 명사로 딱딱 떨어지는 것이 아니다. 어떤 라이프 스타일로 살아가고 싶은지, 사람들에게 내가 어떤 영향을 줄 수 있는 사람이 되고 싶은지가 꿈이 될 수 있다. 그런 라이프를 이루기 위해서, 그런 영향을 주기 위해서 어떤 것부터 해야 하는지 고민하다 보면 어떤 일을 했을 때 그런 모습으로 살아갈 수 있겠다는 답이 나올 수 있다.

'끌어당김의 법칙'을 소개하고, 『머니룰』의 작가인 에스더와 제리 힉스가 한 말이 있다.

"지금 현재 당신이 체험 중인 삶 속에 그대로 지속되기를 원하는 것들이 있다면, 계속해서 그런 것들에 관심과 주의를 기울여라, 그러면 당신은 그런 것들을 자신의 삶 속에 계속 유지시킬 수 있다."

어쩌면 내가 원하지 않는 현재 환경에 초점을 맞추고 살아가기 때문에 내가 원하는 미래를 꿈꿀 시간조차 갖지 않는 것은 아닌가? 원하지 않는 지금의 삶을 바꿀 수 있는 방법은 원하는 미래에 포커스를 맞춘 지속적인 생각이다.

'일을 그만두고 싶다.'라든가, 막연하게 '부자가 되고 싶다.'라고 말하는 사람들이 많다. 일을 그만두고 살고 싶은 삶의 모습이 무엇인지, 그 삶을 위해서 무슨 준비를 해야 하는지 계획 없는 사람이 대다수다. 막연하게 부자를 꿈꾸면서 언제까지 어느 정도의 자산을 갖고 싶고, 그러기 위해서 어떤 과정이 필요한지에 대해 진지하게 탐구하고 준비하는 사람이 적다.

만약에 당신에게 비서가 있다고 가정해보자. 비서에게 '여행 가게 비행기 표 예매해줘.'라고 부탁을 한다고 생각해보자. 그럼, 비서는 비행기 표를 예매할 수 있을까? 어디로 갈 것인지, 언제 갈 것인지 정해준 바가 없으니 어리둥절할 것이다. 잠재의식은 나고, 의식은 비서다. 잠재의식이 의식에게 애매하게 일을 시키면, 애매한 의식으로 애매한 행동만 할 것이다.

소설 『인간의 조건』으로 유명한 프랑스의 소설가 앙드레 말로의 꿈에 대한 명언이 있다.

"오랫동안 꿈을 그리는 사람, 마침내 그 꿈을 닮아간다."

나는 이 말을 정말 믿는다. 나는 어려서부터 커리어우먼으로 여러 사람들과 아이디어 회의를 하는 상상과 프레젠테이션을 하며 내 생각을 피력하는 모습을 상상했다. 그 결과 팀 사업을 하는 지금, 아이디어 회의를 자주 갖는다. 또한 강단에서 서서 많은 사람들에게 내가 알고 있는 정보를 어떻게 해야 효과적으로 전달하는지 고민하고 실행하는 일을 하고 있다.

중학교 때부터 유난히 뚜렷한 꿈을 갖고 공부를 했던 친구 두 명이 있다. 한 명은 결국 의사가 되었고, 또 한 명은 드라마 제작 회사에서 일을 하고 있다. 의사가 된 친구는 중학교 때부터 수학 문제집에 코를 박고 열심히 공부하던 모습이 떠오르는 친구다. 대학은 일반 생명과에 진학 했지만 끝끝내 의대로 편입하는 시험에 합격하여 현재는 의사로 활동 중이다.

또 드라마 PD가 꿈이었던 친구는 드라마 제작 회사에 근무하여 제작에 크게 관련이 없는 직책부터 시작해서 지금은 제작에 밀접하게 관련 있는 업무를 맡으면서 꾸준히 자신의 꿈에 닿아 있다.

꿈이 있다면, 자신이 그 꿈에 가까워지는 쪽으로 몸을 옮긴다. 정보를 계속 모은다. 그리고 그 꿈을 이루기 위한 시간을 갖는다. 그러다 보면 기회가 생기고, 기회가 생겼을 때 그냥 놓치지 않는다. 꿈에 대한 주파수가 높기 때문에 꿈에 닿을 수 있는 더듬이가 항상 곤두서 있는 것이다.

바라는 삶은 있지만 끝내 그 꿈을 이루지 못하는 이유는 뭘까? 자신을 믿어주지 않았던 것이다. 자신을 완전히 믿는다면, 그게 어떠한 꿈이든 '내가 해낼 수 있을까?'가 아니라 '어떻게 하면 해낼까?'에 집중하게 되어 있다. 자신을 믿는 마음이 있고, 없고 따라 꿈을 꾸는 크기도 다르다. 또, 꿈을 이룰 가능성도 큰 차이가 난다.

원하는 삶은 있으면서 '내가 할 수 있을까?'라고 생각하는 사람과 지금은 비록 갖춰진 게 없더라도 '나는 해내고야 말거야.'라며 자신을 완벽하게 믿는 사람과는 말의 에너지가 다르다. 내 꿈에 의심을 섞는 사람이 다른 사람도 아니고 나라는 건 너무 바보 같은 일 아닌가.

자신의 꿈이 이루어질 것을 완벽하게 믿는 사람은 다른 사람까지도 자신을 믿게 만드는 힘이 있다. 주위 사람들로 하여금 '저 자신감은 어디서 나오는 걸까. 그런 자신감이라면 결국엔 해내겠다'는 생각이 들게 만드는 것이다. 나를 먼저 완벽하게 믿어줄 때, 다른 사람의 믿음까지 따라올 것이다.

당신에겐 어쩌면 꿈이 없이 없는 게 아니라, 자신을 믿는 마음이 없는 것은 아닌지 들여다보자. 그리고 내가 원하는 삶이 무엇이고, 내가 되고 싶은 모습은 어떠한지 생각해볼 시간조차 내본 적이 없는 것은 아닌지 돌아보자.

그러니 어려서부터 꿈을 꾸는 게 본능이었던 우리의 잠재의식과 가능성을 내가 일찌감치 꺾지 말자. 내가 도전한 꿈이 설사 안 이루어져 있더라도, 그 도전하는 가운데 나에겐 새로운 꿈과 기회가 열릴 것이다. 몰두해볼 꿈조차 없이 살아가는 사람들은 인생을 겉핥기만 하다가 끝나는 것이다. 내 인생을 깊이깊이 탐방하고, 하늘이 나를 위해 준비한 모든 선물 같은 일을 누리기 위해서는 도전해야 한다.

# 내 인생,
# 이제부터
# 내가 결정한다

나는 네트워크 마케팅 사업을 2015년부터 시작했다. 이때만 해도 이 사업에 대한 부정적 시각이 지금보다 더 많았다. 그럼에도 불구하고 나는 이 사업을 시작했다. 그 이유는 프리랜서로서 자유롭게 시간을 활용하면서 수익을 내는 게 가능하다고 판단했기 때문이다. 어릴 때부터 나는 늦은 새벽까지 혼자 조용히 시간을 보내는 것을 좋아했다. 그러다 보니 자연스레 아침에 일어나는 게 힘든 생활 패턴을 가지게 되었다.

내가 아침잠이 많은 편이라고 "규리 씨는 10시까지 출근해도 좋아요." 라고 하는 오너는 없다. 그래서 나는 하루를 늦게 시작하더라도 월급만큼 돈을 벌 수 있는 이 마케팅 구조가 좋았다. 내 시간을 자유롭게 쓰면서 직장 생활로 버는 월급만큼만 벌자는 단순한 마음으로 이 사업을 선택했다.

막상 이 사업을 시작하고 나니 걱정되었다. 만나는 지인마다 영업하는 나를 불편해하지 않을까? 내 연락을 귀찮다고 피하지 않을까? 나는 이런 생각에 의기소침해졌다. 나는 네트워크 마케팅 사업 구조가 합리적이고, 큰돈을 벌 수 있는 기회라고 생각했다. 하지만 다른 사람들은 나만큼 네트워크 마케팅을 공부하지 않았으니 당연히 이 사업의 비전을 모른다. 그러니 나에 대해 편견을 가질 거라 생각했다. 다른 사람들이 나를 어떻게 생각할지 신경 쓰이기 시작한 것이다.

게다가 본사엘 가면 월 1,000만 원 번다는 사람이 많았다. 반면에 나는 30만 원, 50만 원 정도의 수입을 벌 수 있었다. 그래서 내가 지금 이 일을 선택한 것이 잘한 건가 고민되었다. '적성에 맞지 않은 일을 괜히 시작했나 봐. 지금이라도 그만둘까?' 이런 불안과 의구심이 반복되었다.

그러다 불현듯 '규리야. 너 다른 사람들이 버는 1,000만 원은 부러워하면서 그 사람들이 그렇게 벌게 된 과정에는 관심을 가졌었니?'라는 생각이 스쳤다. 나는 다른 사람들이 이룬 결과만 부러워했던 것이었다. 그래서 그만둘 때 그만두더라도 성공한 사람들이 노력한 과정을 그대로 따라 해보자고 결심했다. 그러다 보면 그들의 수입과 비슷하게 될 거라 생각했다.

한 번씩 이런 의구심이 들 때면 나는 맨 처음 이 사업을 시작해보기로 결정하는 과정에 쓴 일기를 떠올렸다. 첫 번째 결심 이유는 시간이 자유로워서 좋다. 두 번째는 내가 카피라이터가 되어서 제품을 마음껏 마케팅할 수 있는 게 매력적이다. 중학생 때부터 광고 카피라이터가 꿈이었던 나로서는 이 업무가 재미있을 것 같았다. 세 번째는 다른 사람들에게 건강하고 예쁜 피부를 가꿀 수 있게 해줘 보람을 느낄 것 같다. 마지막으로 다양한 사람들과 소통하면서 사회 경험을 하면 나중에 내가 아동문학 책을 쓸 때 더 깊이 있는 글과 매력적인 캐릭터들이 나오지 않을까. 이런 장기적인 시각도 있었다.

이렇게 내 결정에 불안감이 들 때면 나는 맨 처음 가졌던 마음을 떠올렸다. 내가 이 사업을 왜 하기로 결정했고, 왜 이 안에서 성공하고 싶은지, 왜 이 사업이어야만 하는지 생각했다. 다른 사람의 시선에 흔들릴 때마다 나의 마음을 더 믿어주기 위해 노력했다. 나는 나의 선택이 옳다는 걸 증명하고 싶었다.

사업 초반에는 인스타그램에 내가 어떤 일을 하고 있는지 티 내지 않았다. 내 계정이 상업적으로 보여서 지인들이 나를 불편하게 생각하는 게 신경 쓰였다. 그래서 공개적으로 내 일을 드러내며 홍보하지 않았다.

하지만 마음을 바꾼 후부터는 적극적으로 내가 하는 사업을 드러내기 시작했다. 네트워크 마케팅에 대해 편견을 가진 사람들이 있을 테지만 이미 내가 결정하고, 진행하고 있는 사업인데 숨길 이유가 없었다. 나는 내가 하는 일을 당당하게 드러내기로 했다.

그랬더니 나를 팔로우하던 사람 중 몇 명이 팔로우를 취소했다. 어설프게 아는 지인들이었다. 고등학교 선배, 후배 그 정도였다. 그렇지만 기분 나쁘지 않았다. 이 사람들은 나를 싫어하는 게 아니다. 아마도 내가 올리는 피드가 그들의 취향에 맞지 않나 보다. 그렇게 생각했다.

반대로 나를 응원하는 사람들이 훨씬 많았다. 자신의 인스타그램 친구 중에 내가 가장 열정적이고 긍정적으로 살아간다고 응원하는, 얼굴 모르는 인스타그램 친구도 있었다. 그리고 의외의 지인들이 '누나 멋져요', '언니 잘 보고 있어요', '규리 씨 열심히 사는 모습 보기 좋아요' 등등 나를 진심으로 응원해줬다.


또한, 처음에는 아버지가 내 사업을 반대하셨다. 이 사업으로 성공한 주변 사람들을 못 봤기 때문에 하시는 걱정이었다. 아버지는 내가 네트워크 마케팅 사업을 하는 게 마냥 싫으셨던 것 같기도 하다. 아버지는 내가 중학교 시절부터 7년간 일식집을 경영하셨다. 그래서 아버지께 일식집 사업과 이 사업을 비교하며 나의 사업을 지지해주실 것을 설득했다.

일식집을 오픈하느라 투자한 비용이 있지 않으셨냐, 그리고 단골손님이 생길 때까지 손님이 없는 날에도 가게를 지켜야 했지 않으셨냐, 손님들에게 서비스하느라 애쓰지 않으셨냐고 여쭤봤다. 모든 사업에는 경제적, 시간적 투자가 필요하지 않는가. 똑같은 브랜드로 프랜차이즈 가맹점이 된다고 모두 대박이 나는 건 아니다. 그런 것처럼 무슨 사업을 하든지 본인의 할 탓이 아닌가. 치킨집을 하거나 옷 가게를 차렸다가 생각만큼 되지 않아서 장사를 그만두면 그건 그럴 수 있다고 생각하지 않는가. 그런데 왜 네트워크 마케팅 사업은 하다가 그만두면 망하는 것처럼 생각하느냐고 말씀드렸다. 그런 내 의지가 굳건해 보였는가 보았다. 아버지는 내가 내린 결정을 인정하고, 묵묵히 응원해주셨다.

이렇듯 수차례 다른 사람의 시선에 흔들리고, 스스로를 의심하며 마음이 흔들리던 시기도 있었다. 하지만 나는 내가 한 결정을 완전히 믿기로 했다. 결정은 선택과는 다르다. 결정은 국어사전에도 '행동이나 태도를 분명하게 정함'이라고 표현되어 있다. 선택한 후에 결정해야 하는 것이다. 나는 옆도 뒤도 보지 않고, 앞만 보고 달리기로 했다.

나는 우리 회사 사람 중에서 사업의 롤 모델들을 정했다. 일하다가 막힐 때면 그 사람이라면 이 상황에 어떻게 했을까 상상하며 내 롤 모델처럼 되는 데 집중했다. 그리고 이 사업의 성공자들에게 어떻게 사업을 진행하고 있는지 노하우를 직접 묻고 들었다. 그렇게 성공한 사람들의 뒷모습을 쫓아가다 보니 나도 내가 목표한 수입을 달성하게 되었다.

나는 네트워크 마케팅 사업을 하며 내 인생에서 경제적으로 크게 도약하고 싶었다. 그리고 결국 그 결심이 옳았다는 것을 증명했다. 이제는 친구들이 나에게 "규리야, 든든하다. 네가 하는 일 같이하면 되니까 보험 들어놓은 것 같아."라며 나를 멋지다고 칭찬해준다. 그리고 나를 수년간 지켜보다가 함께 사업하는 친구들도 생겼다. 또한, 내 인스타그램 계정을 보고 나를 먼저 찾아주는 분들도 생겨났다.

내 힘으로 바뀌지 않는 것에 에너지를 쓰지 말고, 나를 바꾸는 데 그 에너지를 쓰는 것이 현명하다. 나는 다른 사람들을 바꾸려고 하기보다는 나를 바꾸는 데 집중했다. 그래서 나는 내 성장을 위한 시간을 많이 가졌다. 이 사업의 성공자들이 모이는 곳에 끊임없이 나를 노출했다. 그렇게 내 환경을 바꿈으로써 자연스럽게 성공 지향적인 생각만 할 수 있었다.

그렇게 내 표정과 말투가 확신과 긍정의 언어로 바뀌어 갔다. 내 마음이 확신으로 가득 차 있으니 당연히 사업 성과가 점점 더 좋아졌다. 그러자 나를 둘러싼 주변의 인식도 바뀌어갔다. 팀 매출이 3배 가까이 성장했으며, 그만큼 나의 수입도 많아졌다. 다른 사람의 시선을 의식하느라 주뼛주뼛했던 시간이 아깝다는 생각도 들었다. 처음부터 저돌적으로 이 사업에 임했으면 더 빨리 성장했을 텐데 하는 아쉬움도 들었다. 그러니 다른 사람들을 신경 쓰느라 자신의 인생의 방향을 결정하는 데 어려움을 겪고 있다면 하루빨리 자신의 목소리에 더 집중하길 바란다. 자신이 가장 중요하다고 생각하는 가치관에 따라 결정을 내릴 때 진짜 자신의 인생을 살 수 있다. 나는 출퇴근 시간을 자유롭게 정할 수 있는 환경을 가장 큰 가치로 여겼다.

다른 사람들을 신경 쓰느라 내 에너지를 낭비하지 말자. 그럴 에너지가 있으면 내 성공을 위한 동력으로 사용하자. 내가 내린 결정이 맞았다는 건 결과로 보여주면 된다. 그리고 묵묵히 나의 길을 가면 된다. 내 인생의 목적지까지 운전대는 내가 쥐는 것이다. 내 인생의 결정권은 오로지 나에게 있다.

# 눈치 보지 않고
# 주도적으로
# 살기

많은 사람들이 눈치를 보느라 당연히 챙겨야 할 것도 못 챙기는 경우가 많다. 직장에서는 상사 눈치 보느라 더 생산적인 일을 하지 못하게 된다. 심지어 친구 눈치도 보고, 가족 눈치도 본다. 새로운 것을 안내 받거나 공부를 할 때도 이해가 안 되는 것이 생겨도 못 물어보고 아는 척하고 넘어가는 사람들도 많다. 이런 질문을 하면 내가 너무 바보 같아 보일까 봐 모르면서도 아는 척 넘어가는 일들도 생긴다.

영어 회화를 어설프게 할 줄 아는 한국인들은 외국인들 앞에서는 오히려 영어를 하면서, 한국인들이 섞여 있는 데에서는 영어로 말하기를 껄

끄러워 하는 경우가 많다. 내 영어 실력을 평가 받을 거 같아서 다른 사람들의 눈치를 보는 것이다. 한국 사회는 특히나 다양성을 존중 받지 못하고, 내 목소리를 자유롭게 내지 못하는 환경에 많이 길들여져 있다.

20대에 만났던 남자친구가 내게 이런 말을 한 적이 있었다.

"너는 왜 네 의견이 없는 거야?"

나는 이 말이 충격적이었다. '아, 내가 내 의견이 없었나?' 지금까지 선택에 있어서 내 의견을 내지 않고 살았다는 것을 처음 깨달은 순간이었다. 남자친구 말에 의하면 '뭐 먹을래?', '영화 뭐 볼래?'라고 물어보면 나는 항상 '너 먹고 싶은 거.', '너 보고 싶은 거.'라고 대답해왔다고 한다.

나는 정말 뭘 먹든, 뭘 보든 상관없다고 생각했다. 그리고 상대방 의사에 맞춰주는 것이 배려라고 생각한 것이다. 하지만 배려라는 이름으로 내 목소리를 낼 줄 모르는 사람으로 살아가고 있었다는 걸 이때 깨달았다.

왜 그랬을까 생각해보니 나는 어릴 때부터 착한 딸 콤플렉스가 있었다. 어릴 때부터 부모님이 자주 다투셨다. 내가 중학생 때 엄마가 아빠와 심하게 다투신 어느 날, 아주 슬픈 얼굴로 나에게 너희 아니었으면 난 이

집에 없었을 거라고 얘기하셨다. 나는 나까지 엄마 마음에 들지 않으면 엄마는 언제든 우리를 두고 집을 나갈 것만 같은 불안감이 생겼다.

돌이켜보면 엄마가 얼마나 마음을 터놓을 곳이 없었으면 나를 붙들고 이야기 하셨을까 싶은 생각이 든다. 지금도 그때 혼자 괴로워했을 엄마 마음을 생각하면 마음이 찡하다. 내가 제일 사랑하는 엄마가 행복했으면 좋겠다는 마음이 강하게 생겼고, 그러면서 엄마 마음을 먼저 살피는 생각의 버릇이 생겨났다.

나는 고등학교 1학년 때 전교 부회장을 했었다. 엄청난 리더십이 있고, 임원진이 욕심 나서 그랬던 게 아니다. 후보에 출마한 이유는 단 하나였다. 우리 엄마의 기를 세워주기 위함이었다. 그 당시 학부모 모임에서 엄마에게 유난히 딸 자랑을 하던 D 양 어머니가 계셨는데, D 양이 후보에 나온다는 말을 듣고 D 양을 이기기 위해 나간 것이었다. 그 기억이 강하게 남아 있는 걸 보면 정말 난 엄마가 기뻐했으면 하는 바람이 컸던 것 같다.


그렇게 내 행복과 기쁨이 무엇인지 집중하기보다는 다른 사람을 위해주는 일이 더 익숙했다. 그리고 다른 사람의 의견에 맞춰주는 것이 배려를 잘하는 좋은 사람이라 생각했다. 그러다 보니 내가 먼저 무언가를 제시하며 주도적으로 데이트를 이끄는 여자 친구인 적이 없던 것이다. 그게 얼마나 매력 없고, 어리석은지 깨닫게 해준 그때 만났던 남자친구에게 고맙게 생각한다. 그 뒤로 나는 의식적으로 내 의견을 내는 연습을 시작했다.

일상에서 사소한 선택을 하는 것조차 내 의견을 내는 것에 익숙하지 않았던 나를 알아차리는 것부터 변화의 시작이 됐다. 다른 사람들과 무언가를 선택해야 하는 순간이 오면 의식해서 내 의견을 내겠다고 다짐했다. 작은 선택권마저 다른 사람에게 빈번하게 넘기는 버릇은 내 인생을 주도적으로 살아가지 못하게 한다.

그렇게 나의 결정 장애가 있다는 것을 깨달은 뒤 포털 사이트에 내가 왜 이러는지 알기 위해 검색을 해봤다. 그리고 생각보다 많은 사람들이 나와 같은 증상을 겪는다는 것을 알게 됐다. 심지어 음식 결정 장애를 겪는 사람들을 위해 선택을 돕는 표까지 존재했다. 왜 많은 사람들은 결정 내리기를 어려워할까?

내가 상대방 마음에 들지 않으면 어떡할까 눈치를 보는 마음이 깔려 있다. 상대방 기분을 살피느라 내 의사를 제대로 표현 못 하는 것이 눈치 보는 마음의 시작인 것이다. 그렇다면 우리는 왜 눈치를 보는 걸까? 모든 사람을 만족시키고자 하는 욕심 때문이다. 내 마음이 그랬다. 누구에게나 좋은 사람이고 싶은 마음에 내 선택이나 언행이 다른 사람을 불편하게 하지 않을까 눈치를 계속 살폈다.

하지만 그런 습관은 내가 나로 살아가는 데에 자꾸 움츠러들게만 만들 뿐이었다. 눈치를 보는 것은 나의 가능성을 마음껏 뿜어내는 힘을 위축시킨다. 하고 싶은 게 있다면 과감하게 해보는 거다. 내 삶의 밑그림도 내가 그리고, 색칠도 내가 하는 거다. 지우고 싶은 부분이 생기면 과감하게 덧칠해서 수정하면 된다. 그러니 두려워말고 마음대로 그려나가도 된다. 결국 자신감이 나를 자유롭게 한다.

내가 눈치를 보지 않고 살기 위해서는 내가 좋아하는 게 뭔지 알아야 한다. 시키지 않아도 반복적으로 하는 일이 있다면 내가 좋아하는 일이다. 그리고 가장 좋아하는 음식, 영화나 음악 장르, 취미 생활 등 나를 즐겁게 하는 것들을 정확히 파악해야 한다.

그런 노력으로 나는 빈 종이에 내가 좋아하는 하는 것들과 내가 싫어하는 것들을 단어나 문장 형태로 적어보았다. 예를 들어 내가 좋아하는 것에는 민트색, 아이유 음악, 자는 둥둥이(반려견) 쳐다보는 시간 등이 있다. 싫어하는 것에는 파리, 무례한 사람 등이 있었다. 카테고리 별로 마인드맵을 해보는 것도 좋다.

의외로 많은 사람들이 자신이 무엇을 가장 좋아하는지 모른 채 살아간다. '이건 우리 남편이 좋아해.', '우리 엄마가 좋아하시겠다.', '우리 아이가 좋아하는 거야.'는 있지만 내가 좋아하는 것 1, 2, 3이 없는 경우가 많다.

내 지인 H는 평소에 고기보다 회를 좋아한다는 건 알고 있었다. 어느 날, 그녀는 일식집에서 모듬 회를 먹으면서 하얀 생선보다는 참치 종류를 먼저 먹고 있었다고 한다. '나는 참치를 제일 좋아하는구나.' 이때 깨달았다고 한다. 그 뒤 그녀는 자신이 가장 좋아하는 것이 무엇인지 생활 속에서 축을 세우고 알아가기 시작했다고 한다. 그 사건이 있는 이후 그녀는 자신이 좋아하는 것을 정확하게 전달할 수 있는 의사 전달자가 되었다.

특히나 돈을 벌고 싶다면 다른 사람의 의견에 귀 기울이느라 사업 결정이나 투자를 미루면서 시간을 낭비할 필요가 없다. 다른 사람들의 의견은 참고 수준에 그쳐야 한다. 다른 사람들이 나의 인생을 책임져주지 않는다. 가령 내가 경제적으로 힘들어졌을 경우 나에게 돈을 주지도 않을 사람들의 의견에 귀 기울이느라고 인생을 낭비하지 말자. 어차피 모든 선택은 내가 책임지면서 살면 된다.

어떠한 결과가 나오든 내가 책임질 생각으로 다른 사람의 눈치 보지 말고 내가 살고 싶은 인생을 주도적으로 살기를 바란다. 나의 경우 네트워크 마케팅 사업자로서 사회적인 시선, 다른 사람들의 시선을 신경 쓰며 눈치 보던 것에서 벗어나면서부터 비약적인 성과가 생겼다. 그 결과 최고 직급자로서 연봉 2억에 가까운 수입을 받게 된 것이다.

나는 내 시간을 자유롭게 사용하며 일할 자유를 얻고 싶었다. 그리고 수입의 한계가 없는 일을 하고 싶었다. 많은 사람이 아직은 편견을 가지고 생각하는 '다단계 사업'에 대한 인식을 스스로 이겨내야 했다. 하지만 그 열매는 너무나 달다. 버킷리스트에 경제적 한계를 두지 않고 하나씩 이뤄나갈 수 있게 됐다.

하고 싶은 것만 하고 살아가기에도 인생은 짧다. 돌이켜보면 나의 30년 넘는 인생이 순식간에 지나간 것 같다. 앞으로 내가 살아온 세월만큼 빠르게 흐를 시간을 생각하면 내 소중한 시간이 더 귀하게 느껴진다. 다른 사람들 눈치를 보느라 방어적으로 살아가기에는 시간이 아깝다. 수비수보다는 공격수가 더 많은 골을 넣는 것처럼 인생을 대하는 태도가 공격적일 때 더 많은 목표를 이룰 수 있다. 당신이 행복해지는 순간들을 알아가며, 내 목소리를 내며 사는 즐거움을 누리길 바란다.

# 나답게
# 사는
# 즐거움

평생 하나의 옷만 입어야 한다면 내 몸에 맞지 않는 옷이지만 남들이 보기에 이쁘다고 하는 옷을 평생 입는 편이 좋은가. 아니면 호불호는 갈리는 옷이지만 입었을 때 몸이 편안하고 내 기분이 좋은 옷을 입을 것인가. 옷은 내 선택과 자기표현이 담긴 하나의 비유일 뿐이다. 모든 사람에게 잘 보이기 위해서 맞지도 않는 옷을 입고 불편한 구두를 신고 하루 종일 웃고 있을 수는 없는 것이다. 심지어 그게 평생 그래야 한다면 그 인생이 행복하다 할 수 있을까? 누구나 다 좋아하는 옷이 아닌 내가 좋아하는 옷을 입는 용기. 그것으로 인해 당장은 누군가의 마음엔 안 들 수 있지만 적어도 나 자신에게는 솔직한 것이다.

나답게 산다는 건 분명 나와 맞지 않는 사람들이 생길 것을 각오할 용기가 필요하다. 그렇다고 우리가 적을 만들 것은 아니지 않은가. 나와 어울리는 사람들과 함께 어울리며 살기에도 충분하다. 나와 맞지 않는 사람들까지 맞춰주느라 애쓸 필요가 없다. 나답게 산다는 것은 타인에게 맞춰주거나 다른 사람들이 규정해놓은 가치관 속에 나를 맞추어 사느라 답답했던 것들로부터 벗어날 각오를 하는 것이다.

나 자신에게 솔직할 때 당당하게 살아갈 자유를 얻는다. 나는 내 목소리를 내기 시작하면서 큰 자유를 얻었다. 나보다 다른 사람을 배려한다는 이유로 내 목소리를 안 내고 살던 때가 있다. 다른 사람들에게는 착한 사람일 수 있었지만 정작 내 자신에게는 좋은 사람이 될 수 없었다. 하지만 지금은 하고 싶은 말이 있다면 할 수 있는 용기가 생겼다. 그것이 누군가를 해치거나 무례하지 않다면 내가 하고 싶은 말을 할 수 있을 때 나의 색깔이라는 것이 생긴다.

나는 스무 살에 한 친구로부터 "너는 물 같아."라는 말을 들은 적이 있다. 이유를 물어보니 옆에 어느 색깔의 친구가 있느냐에 따라서 내가 바뀐다고 했다. 그 말을 들은 나는 꽤 충격을 받았었다. 즉, 내 색깔이 없이 다른 색깔에 물들어버리는 성향을 가지고 있다는 말인데, 그 말이 좋게 들리지 않았다. 그래서 그 뒤로 나는 내 고유의 특징이 없는 사람인가라는 고민을 잠깐 했었다.

그렇게 10년이 넘게 살아가다가 나와 같이 사업을 하시는 분으로부터 "규리는 규리만의 색깔이 없어 보여."라는 이야기를 들은 적이 있다. 나는 그 말을 듣고 순간 화가 났었다. 내가 스무 살에 친구로부터 물 같다는 말을 들은 뒤 정말 나에 대해서 많이 관찰하고 개발해왔다고 생각을 했는데 내가 아직도 이런 말을 듣는 모습이 있다는 생각에 기분이 나빠졌었다.

그래서 왜 그렇게 느꼈냐고 여쭤보니 내가 해야 할 말을 하지 않는 사람처럼 느껴졌다고 하셨다. 생각해보니 나는 주로 참는 편이고, 다른 사람의 입장을 많이 헤아리느라 내 의사를 빠르고 정확하게 밝히는 편이 아니었다. 하지만 내 색깔이 없는 것 같단 말이 조금은 마음에 남아 있었다.

그러다 며칠 뒤 알라딘 중고 서점으로 빈 시간을 채우러 들어가게 됐다. 평소 아동문학에 관심이 많은지라 『무민 이야기』 시리즈 중 가장 땡기는 책을 골라서 읽기 시작했다. 그리고 나는 이내 눈물을 뚝뚝 흘렸다. 위로를 받은 것이다. 그날 내가 집어든 『무민 이야기』는 무민이가 다른 사람들과는 다르게 자신은 아무 특징이 없다는 이유로 나만의 특징을 찾으러 나서는 이야기였다.

무민의 아빠, 엄마, 친구들 모두 그들을 대표하는 특징이 있고, 좋아하는 일이 뚜렷한데 자신은 맨 몸에 아무것도 없다고 생각한 것이다. 그래서 숲속으로 자신의 것을 찾으러 나가서 유리병 등을 줍는다. 하지만 결국엔 집에 돌아와서 자신이 가져온 모든 것들을 그것을 받으면 좋아할 부모님과 친구들에게 나눠주고 다시 빈손이 되어버리고 만다. 그래서 무민이 엄마에게 울며 나는 왜 내 것은 아무것도 없는 거냐고 묻자, 엄마가 무민에게 말해준다. "네가 다른 사람들을 생각해서 챙겨주는 마음, 그게 너의 것"이라고.

그 말을 보는 순간 정말 큰 위로를 받았다. 그렇다. 나는 색깔이 없는 것이 아니라 다른 사람을 위해 배려하는 마음이 내 색깔이었던 것이었다. 그것을 나를 특색 없는 사람으로 보게도 만들지만 누군가는 그런 배려하는 마음을 나의 색깔로 봐줄 수 있는 것이었다.

그래도 나는 나의 지나친 배려로 다른 사람의 눈치를 살피는 습관은 버리고 싶어졌다. 그래서 나의 색깔을 만들 목표가 아닌 내 마음이 편한 것을 목표로 삼았다. 내 의견보다 다른 사람의 의견을 중시해주는 게 편한 자리에서는 그렇게 배려하면 되고, 내 의사를 정확히 밝혀야 할 때는 주저하지 않고 내 목소리를 내는 것이다. 그게 내 마음이 편한 것이고 나다운 일이었다.


나답다는 것은 내가 편안한 상태가 유지되어야 한다. 내 인생에서 '~척'을 빼면 된다. 행복한 척, 괜찮은 척을 빼고 나면 온전한 내 감정, 온전한 내 모습이 남는다. 나는 지금 괴로워 죽겠는데, 가족이 자랑스러워하는 자녀로 사느라 원하는 삶을 사느라 원치 않은 직장을 다녀야 할 수도 있다. 괜찮은 척 내 자신을 내 삶을 깎아 먹히는 것 같은 기분이 들고, 내 마음이 늘 지치기만 한다면 가부 간의 결정이 필요한 순간이다.

같이 사업하는 B 언니는 남들이 선망하는 해외 투자 유치를 하는 7급 공무원을 내려놓고, 남들이 선호하지 않는 네트워킹 마케터로 전향했다. 조그마한 사무실에 갇혀서 상사보다 더 많은 일을 하면서도 정해진 월급을 받아야 하는 것이 괴로웠다고 했다. 그리고 워낙에 주체적으로 자유롭게 살아가는 성향이 짙었기 때문에 규제가 많은 조직 생활이 맞지 않았던 것이다. 그래서 용기 있게 사표를 냈다. 그리고 지금은 자신의 월페이를 10배 올리고 원하는 옷을 입고, 자유롭게 여행을 다닌다.

나다움을 잃지 않기 위해서는 먼저 나 자신을 잘 알아야 한다. 나를 움직이게 하는 힘의 원천은 무엇인지, 내가 못 견뎌 하는 것이 무엇인지 정확히 파악하면 내 마음이 가장 편한 방향으로 나를 인도할 수 있다.

나만의 루틴을 만드는 것도 나답게 살아가는 노력 중 하나가 될 것이다. 하루의 시작을 기분 좋게 할 나만의 패턴을 만들어보자. 나의 성장이 즐거운 일을 찾아보자. 그게 꼭 직업이 아니어도 된다. 여가 시간을 이용한 취미가 될 수도 있고, 배움이 될 수도 있다. 그리고 감사함으로 하루를 마무리할 수 있는 패턴도 만들 수 있다.

예능 방송 〈서울 체크인〉을 보니 이효리에게는 규칙적인 아침 패턴이 있었다. 아침에 일어나 따뜻한 차 한잔을 마시고 요가로 하루를 시작하는 것이다. 그런 패턴이 하루의 시작이 아침부터 자신에게 성취감을 줌으로써 자신을 더욱 신뢰하게 한다. 또한, 하루를 내 의지로 선택하는 기분을 안겨줄 것이다.

또한 하루를 마무리할 때는 내일 할 일을 6가지 기록해보는 것을 추천한다. 실제로 어느 도산 직전의 기업이 도약을 위해 전문가에게 컨설팅을 받았는데, 그때 전문가가 돈을 받지 않을 테니 내가 시키는 대로 해서 매출이 오르면 그 매출의 얼마를 달라고 했다고 한다. 그렇게 자신 있게 권장한 방법이 모든 직원들에게 내일 할 일 6가지의 'To Do List'를 적어보게 한 것이다. 적는 것만으로도 실행하는 힘이 생기고, 그리고 급하게 처리해야 할 사고를 예방할 수 있다.

또 저녁 루틴으로 추천하고 싶은 것은 스킨케어 시간이다. 물론 피부관리는 당연히 되겠지만 이 방법을 추천하는 이유는 내가 나를 보살핀다는 기분이 들기 때문이다. 내가 나를 소중하게 여기는 행동들을 함으로써 나의 자존감이 오르고, 나의 컬러가 세상 밖으로 더 당당히 드러나기 때문이다.


나답게 사는 즐거움을 꼭 누렸으면 좋겠다. 누구의 딸, 누구의 엄마, 누구의 아들, 누군가의 아빠가 아니라 나로서 온전히 행복할 때 우리 가정의 평화가 온다. 내가 즐거울 때 다른 사람들에게 즐거움도 줄 수 있는 것이다. 그러니 내 즐거움을 쟁취하자. 그러기 위해 나다운 것이 뭔지 정확히 인지해야 한다. 당신은 어떤 것을 할 때 가장 행복한가? 어떤 말을 들었을 때 기분이 좋은가? 당신은 당신이 원하는 대로 인생을 디자인할 힘이 분명하게 있다.

# 숫자로
# 측정되지 않는 것에는
# 섹시함이 있다

IQ가 높은 사람은 모두 매력적인가? 그렇지 않을 것이다. 명품 옷과 가방으로 치장한 사람은 모두 매력적인가? 이 또한 그렇지 않다. 이렇게 생각하면 지능 지수가 높고, 재산이 많다고 해서 모두 매력적인 것은 아니다. 그럼 섹시할 정도로 매력적인 사람은 어떤 사람일까. 몸매가 좋고, 외모가 수려하면 섹시할까. 시각적으로 이목을 끌 수는 있지만 순간으로 그치고, 오래도록 알고 싶은 깊은 향기가 있는 섹시함은 아닐 수 있다.

그렇다면 어떤 것이 질리지 않는 섹시함일까. 타고나기를 아름답고 섹시한 사람은 극히 드물다. 그렇다면 이 세상이 너무 척박하게 느껴지지 않는가. 하지만 놀랍게도 우리 주변엔 상당히 많은 매력적인 사람들이 있다. 즉, 눈에 보이고 측정 가능한 것만이 매력 요소가 될 수 있는 것이 아니다. 당신이 겪은 섹시한 사람은 어떤 사람이었는가? 내가 많은 사람을 겪으며 깨달은 치명적인 매력 5가지를 공유해보고자 한다.

## 1. 쿨하지만 따뜻한 사람

'츤데레'라는 표현에 가까운 사람이다. 상대방을 기분 좋게 하기 위해 평소에 애쓰는 것이 하나도 없다. 하지만 결정적인 순간에 도움을 주며, 그 또한 생색을 내지 않는 사람이다. 다정하지만 그렇다고 부담스럽게 선을 넘지 않는다. 이런 사람들은 타인에게 너무 다가가지도, 너무 멀어지지도 않는 사람이다. 상대방이 마음 편하게 대해주지만 또한 절대로 무례하게 굴지 않는다. '쿨하다'는 것이 마치 어떠한 말이든 시원시원하게 뱉어버린다고 착각하는 사람들은 상대방의 생각을 고려하지 않고 무례하기 쉽다.

사람과 사람 사이에 선선한 바람이 오갈 수 있을 정도의 적절한 거리를 유지할 줄 아는 사람은 타인에게 집착이 없다. 자신이 해야 할 일에 집중하면서 다른 사람에게 연연해하지 않는 마음가짐이 그 사람을 소위 말해 쿨내 나게 만든다. 이런 사람들의 특징은 나의 과제와 너의 과제를 분리해서 생각할 줄 안다. 즉, 다른 사람이 생각해볼 문제까지 내 것으로 가져와서 불필요하게 끙끙거리며 에너지를 낭비하지 않는다.

또한, 자신에 대해 상대방이 어떻게 생각할지에 대해서는 신경 쓰지 않는다. 그건 그 사람의 선택이고, 그 사람의 과제니까. 그러다 보니 쿨한 인상을 주지만 기본적으로 자기 자신에게 자신감이 있는 것이다. 나에게 자신감이 없는 사람은 내가 이 사람에게 어떻게 비춰졌을까 많이 의식하고 신경 쓴다. 하지만 멋지게 쿨한 사람은 자신의 길을 걸어가는 것에 집중하기 때문에 부가적인 것을 둘러보며 사사건건 마음을 쓰지 않는다.

## 2. 섬세한 배려가 있는 사람

타인을 향한 섬세한 배려가 있다는 것은 평소에 자신의 마음도 깊이 헤아리고, 다른 사람의 마음도 깊이 들여다볼 줄 아는 사람이다. 왜냐하면 자신이 어떤 상태일 때 편안하고 감동을 받는지 잘 기억해두었다가 다른 사람들에게 같은 것을 챙겨주는 것이다. 다른 사람이 불편함을 느끼지 않도록 앞서서 상황을 생각하는 사람이다. B 군은 자신은 더위를 많이 타지만, 내가 추위를 많이 타는 것을 알고 있기에 에어컨이 세게 나오는 식당에 들어가면 자신의 시원함보다 나에게 추울 것을 먼저 생각한다.

타고난 센스나, 공감 능력 때문에 배려심이 깊을 수도 있지만 보통은 그 사람을 진심으로 위하는 마음에서 출발한다. 다른 사람을 귀하게 여길 줄 알기 때문에 생활 속에서도 그 사람을 대하는 태도에 귀하게 여기는 태도가 담겨 있다. 그렇게 상대방이 좋아하는 것, 필요로 하는 것을 유심하게 관찰하고 기억할 줄 아는 사람은 엉뚱한 노력이 아니라 적절한 노력으로 타인의 마음을 살 수가 있다. 당신이 열 번 잘하다가 제일 싫어하는 행동 한 가지를 했을 때 마음이 닫히는 것처럼.

### 3. 자신의 일을 뜨겁게 사랑하는 사람

주인의식 없이 주어진 일만 하며 시간을 때우는 사람이 아니라 시간의 주인으로 살아가며 주체적으로 살아가는 사람이 멋있다. 자신을 믿고, 자신이 선택한 일을 믿고 있기 때문에 집중하여 일을 해낼 수 있는 것이다. 같은 직업군에 있더라도, 더 열정적으로 사명감을 가지고 일하는 사람들이 있지 않은가? 그런 열정은 주변에까지 열심히 살게 하는 동기 부여를 주며 선한 영향력을 전염시킨다. 이렇게 자신의 일에 몰두하는 것만으로도 갈팡질팡한 사람이 아니라, 확고한 신념으로 살아가는 사람으로 비춰진다.

### 4. 어떠한 상황 속에서도 여유를 잃지 않는 사람

미국의 전 퍼스트레이디이자 대통령 후보였던 힐러리는 어려운 일일

수록 일부러 시시하게 생각했다고 한다. 힐러리는 퍼스트레이디의 기본적인 임무뿐만 아니라 의료개혁 특별위원회장, 책 저술, 남편 빌 클린턴의 재선선거운동 지휘, '올해의 어머니 상'을 수상할 만큼 아동과 여성의 인권보호를 위해 헌신적으로 일했다고 한다. 혹독하리만큼 방대한 업무량을 수행했던 능력을 힐러리의 남동생이 표현한 인터뷰가 있다.

"누나는 퍼스트레이디로서 기본적으로 수행해야 하는 엄청나게 많은 의무들을 일부러 시시하게 생각했다."

해낼 수 있다고 믿는 것만으로도 이미 90%는 달성한 것이다.

### 5. 자기 확신

자신을 온전히 믿을 줄 아는 사람은 눈빛에 흔들림이 없다. 자신이 꿈꾸는 미래에 대한 직진만 있을 뿐이다. 반면 자신을 믿지 못하는 사람은 자신의 미래도 믿지 못한다. 그러니 어떠한 일을 진행하는 과정에서도 의심이 많이 섞이고 그 의심은 일의 몰입을 방해한다. 그러다 보니 당연히 성과도 떨어진다.

동생 Y는 자신이 마음먹은 것은 꼭 이루고야 말겠다는 열망이 언제나 드러났다. 컵에 물이 가득 담겨야 밖으로 흘러넘치듯이 그녀는 자신에 대한 확신이 가득차서 넘쳐흘러서 곁에 있는 사람들 눈에도 보일 정도였다. 난 그녀의 확신에 찬 태도에서 항상 매력을 느꼈다. 그녀라면 뭐든 마음먹는 대로 다 해낼 것이라는 믿음이 내게도 생겼다.

자기 확신이 있는 사람은 잠시 쉬어갈 때도 멈춤이 아니라는 것을 안다. 자신이 한 박자 쉬어간다는 것 자체도 앞으로 나아가기 위한 전략이 된다.

또 자신의 매력이 뭔지 정확히 아는 것만으로도 어떠한 환경에도 감정이 유약해지지 않는다. 예를 들어, 자칫 비교를 당하거나, 비교 의식이 생기려고 하는 찰나에도 감정의 동요 없이 자신을 지켜낼 수 있다. 그렇기에 높은 자존감으로 살아가게 되고 사람이나 상황에 의해 흔들리는 일이 없으니 단단한 사람으로 비춰지게 된다. 그리고 스스로 자신의 매력이 무엇인지 앎으로써 나를 드러내야 할 때에 과감하게 드러낼 줄 안다.

## 와인 같이 깊이 익어가는 사람이 좋다

성경에서는 와인 같은 여성이 되라는 말이 나온다. 한철 피고 지는 꽃이 아니라, 세월이 갈수록 더 풍미가 깊어지는 와인 같은 사람 말이다. 젊을 때 아름다움은 지나가는 시절의 아름다움일 뿐이다. 외적인 아름다움은 누구든 피하지 못하고 절정으로 피어났을 때보다 시드는 것이 당연하다.

젊음이 끝났다고 해서 우리의 삶에 섹시함이 사라지는 것은 아니다. 오히려 진짜 섹시함은 이때부터다. 노련하게, 유연하게 상황을 대처하는 경험치가 발현된다. 당신만의 삶의 노하우와 지혜를 발현하여 우리의 삶을 더 풍성하게 가꾸어나갈 수 있다. 또, 나를 정확히 판단하여 나의 장점을 극대화하며 살아갈 수 있다.

내가 가정의학과에서 근무하던 20대 초반, 비만 클리닉에 하루에 300명 가까이 관리 받으러 오는 여자들이 있었다. 대체로 40~50대가 많았다. 그때 나는 느꼈다. '아, 나이가 들어가면서 생기는 귀여움이 있구나.' 라는 것을. 어린아이와 같은 순수함을 간직한 채 자신을 사랑하는 사람은 그 영혼의 순수함이 느껴진다. 그렇다고 세상 물정을 모르는 것이 아니라 더 많은 지혜를 갖추었음에도 인생을 대하는 여유 있는 태도에서 나오는 사랑스러움이 발현되는 것을 느꼈다.


우리 엄마의 꿈은 귀엽고 섹시한 할머니다. 나는 엄마의 이런 꿈이 너무 사랑스럽다. 자신의 일을 사랑하고 자신에게 자신감이 있는 섹시함 그리고 여유에서 나오는 순수한 태도. 정말 꿈꾸어보기에 좋은 셀프 이미지라고 생각한다. 우리 엄마는 분명 귀엽고 섹시한 할머니가 되실 것이다.

당신이 가진 매력은 무엇인가? 부끄러워하지 말고 자신만의 매력을 문장으로 생각해보고, 적어보고, 들여다보면 인식하지 못하고 하루하루 흘러갔던 나만의 매력이 세상 밖으로 당당히 꺼내질 것이다. 당신에겐 당신만의 고유한 매력이 있다. 그 매력을 잘 개발하는 것만으로도 대체 불가능한 당신이 된다.

- 06 -

# 우선순위가
# 명확하면 삶을
# 낭비하지 않는다

"이 세상의 모든 사물 중에서 가장 길고도 짧고, 가장 빠르고도 느리고, 최소의 분할과 최대의 확대가 가능하고, 가장 경시 되면서도 가장 아낌을 받고, 그것 없이는 아무 일도 하지 못하며, 비천한 것을 모두 삼켜버리고, 위대한 모든 것에 생명의 입김을 불어넣어주는 것은 과연 무엇일까?"

프랑스의 계몽사상가 볼테르가 시간에 대해 한 말이다. 시간은 영원히 흐르지만, 막상 지나간 시간은 빠르게 흘러갔다고 느낀다. 시간은 태어나면서부터 거저 주어진다는 생각에 의식 없이 대하기도 하고, 또한 목표가 있는 사람에게는 1분 1초가 아까울 수 있다. 시간의 흐름으로 무언가가 탄생하고, 죽어간다. 이처럼 거저 주어진 시간 속에 우리는 많은 것을 얻고, 잃는다. 또, 시간을 통해 이루어가고, 낭비한다. 당신에게 시간은 생산에 가까운가, 흘러가는 것에 가까운가.

나에게는 시간은 흘러가는 것에 가까운 삶이었다. 열심히 산다고 생각했지만 주도적으로 살아가기보다는 주어진 환경에서만 최선을 다했던 것이다. 하지만 뚜렷한 목표가 생기고 나니 해야 할 일들이 더 명확해지고, 그것을 위해 시간을 써야 하기 때문에 목표와 거리가 먼 것들은 당연히 후순위가 되었다. 나의 목표는 내년까지 최소 2,000만 원의 소득이 발생하는 경제적 자유와 시간의 자유 확보이다. 그러기 위해서 내가 한 달간, 한 주간, 매일 누구와 어떻게 시간을 써야 하는지 답이 나온다. 또한 빠르게 이루기 위한 방법을 찾는 데에 몰두한다.

그러다 보면 감정을 낭비할 틈도 없어진다. 대부분, 감정 낭비가 시간 낭비로 이어지기도 한다. 인생의 목표를 이루는 데에 부정적인 감정은 처리해야 할 하나의 대상밖에 되지 않는다. 감정낭비를 안 한다는 것은 시간도 아낄 수 있는 것이다. 부정적인 감정이 곪지 않고, 건강하게 아물 수 있도록 하는 나만의 지혜를 터득해야 한다.

내 방법은 '감사합니다.'라고 생각해버리는 것이다. 어떠한 상황이 와도 '이 사건은 내가 목표까지 가기 위해 꼭 필요한 과정이기 때문에 생긴 거다.'라는 마음으로 이 일에서 내가 어떤 점을 배우고 넘어가야 할지 생각하면 감정적으로 상황에 눌려 있을 일이 없다. 그렇게 내 감정을 돌보는 힘이 생기는 것도 내 삶의 우선순위에 집중할 수 있을 때다. 정말 중요한 게 뭔지 아는 사람은 감정의 동요가 없거나 감정을 정리하는 데에 시간이 굉장히 단축된다.

나는 인맥 관리를 중요하게 생각하지 않는다. 내 분야에서 인정받는 실력을 갖추면 더 사람이 다가온다. 인연이 소중한 건 맞지만, 내 이득을 위해서 마음에 없는 관계를 유지하기 위한 시간을 쓰지 않는다는 것이다. 인맥 관리라는 말보다는 '인연 이어가기'라는 말이 더 마음에 든다. 인맥 관리를 위해서 마시지도 못하는 술자리에 참석하고, 당장의 나의 할 일을 뒤로 미뤄가며 사람들과 어울리는 자리를 갖지 않는다.

또한 누군가 만날 때 그 자리가 즐겁고, 영감이 되어야 하는데, 기운이 빠지는 말을 듣거나 인생에 중요하지 않는 주제로 긴 시간 가벼운 대화가 오가는 자리를 안 좋아한다. 내가 이렇게 사람을 만나는 자리를 가리게 되고, 누군가를 만나기 전에 한 번 더 생각해보게 된 것은 인생의 목표가 생기고, 시간이 돈보다 귀하다는 것을 정확히 인지하고부터 생긴 생각이다.

나의 우선순위는 나 자신과 가족을 지키는 일이다. 그러기 위해서는 건강과 돈이 필요하다. 또한 돈이 있어야 건강을 지킬 수 있다. 가난에도 가난을 향한 이자가 붙는다고 한다. 잔인한 말로 들리지만 따지고 보면 사실이다. 돈이 없기에 아픈 곳이 있어도 병원에 가지 않기 위해 참고, 그러다가 더 병을 키워서 큰돈과 돌이킬 수 없는 상태가 되는 경우가 많다. 또한 돈을 아끼기 위해서는 사람이나 기계를 쓰는 것보다는 내 몸을 직접 쓰면서 몸을 닳게 하기도 한다. 나는 근육은 단련시키되 관절은 아껴야 한다고 생각한다.

왜냐. 몸이 아프면 내가 제일 고생인 것은 당연하고 가족들까지 고생시키는 것이기 때문이다. 또한 가난한 사람은 몸을 써서 일을 하다 보니 몸이 망가지면, 큰돈이 지출되는 것은 물론이고, 일을 못 하느라 쉬는 동안 수입원이 끊기게 된다. 그래서 나는 몸을 쓰며 하는 일을 지양하며 내 우선순위에서 밀리게 된다.


당신에게 인생에서 가장 중요한 키워드 3가지를 말해보라고 하면 바로 대답이 나오는가?

인생에서 무엇이 중요한지, 덜 중요한지, 아니면 불필요한지조차 분별 없이 사는 사람들이 많다. 이러한 경우는 특별한 이유 없이 바쁘기 만한 삶을 살게 한다. 반대로, 똑같이 주어진 1년을 3년처럼 채워서 사는 사람이 있다. 삶의 주도권이 본인에게 있는 경우다. 삶은 시간으로 이루어져 있다. 시간을 어떻게 활용하느냐에 따라 당신의 삶이 결정된다.

우선순위가 명확한 사람은 같은 시간을 더 효율적으로 사용할 수 있다. 예를 들어 쇼핑을 하러 가도 내가 사야 하는 것이 분명하게 있는 상태로 갈 때는 시간이 버려지지 않는다. 하지만 그냥 둘러보러 가서 이것저것 살 때에는 시간도 많이 할애하게 되고, 막상 집에 와서 장 본 것을 보면 불필요한 것을 사온 경우도 있다.

내 인생의 우선순위를 정하고, 그것을 실천하기 위해서 당신이 인생에서 중요하다고 생각하는 핵심 키워드를 10개를 적어보자. 예를 들어, 나 자신, 가족, 건강, 친구, 신앙, 재정, 웃음 등이 될 것이다. 이때에는 키워드 밑에 공간을 두고 써야 한다. 키워드 아래에는 그것을 이루기 위한 실천 키워드를 5개씩 적어보는 것이다. 예를 들어 건강이라면 하루에 30분 걷기, 물 마시기, 건강기능식품 챙겨먹기, 단 음식 줄여 먹기 등 내가 중요하다고 생각하는 것들을 이루기 위한 행동에 내 시간을 할애하는 것이다.

대체로 사람들은 중요하지만 급하지 않은 일들은 '언젠가'라는 단어로 차일피일 미룬다. 하지만 중요하지만 급하지 않은 일들에 시간을 확보하는 사람들은 고성과자의 삶을 살 수 있다. 중요하지 않지만 급한 일이 생기지 않도록 삶을 정비하며 가꾸어나갈 수 있고, 자신이 집중해야 하는 일들에 에너지를 효율적으로 쏟을 수 있기 때문이다.

당신은 지금 중요하지 않은 일에 시간을 쓰고 있지 않은가? 나는 나의 취향을 정확히 알고 있는 알고리즘이 추천하는 영상의 노예로 산 적이 있다. 그렇게 폰만 들여다보고 있으면 2~3시간도 정말 빠르게 가 있다. 내게 재미도 주고, 몰랐던 것도 알게 해주지만 그건 내가 주체적으로 시간을 쓴 것이 아니기 때문에 지금 당장 즐겁지 않아도 되는 것이었고, 지금 알아두지 않아도 되는 것들이 대부분이었다.

또한 요즘 성장을 위한 많은 콘텐츠들이 쏟아지고 있다. 그러한 것도 메시지는 너무 좋지만 내가 직접 내 삶에 적용해보고 실천하지 않으면 이 또한 킬링 타임이 될 뿐이다. 나의 성장을 위한 영상을 봤다는 것만으로 만족하고 끝날 수 있다. 그러니 내가 어떠한 성공을 위한 메시지를 들었다면 분명하게 적용하고 실천해봐야 한다.


인풋만 계속하고 아웃풋으로 옮기지 못하면 안 된다. 내 삶의 주체로서의 인풋이 아니라 알고리즘이 추천하는 대로 정보를 받아들이는 것에만 시간을 활용하는 것은 낭비다. 삼시 세끼 내가 먹을 만큼 다 챙겨 먹었는데, 내가 좋아하는 음식을 잘 아는 사람이 멈추지 않고 내게 음식을 가져다준다고 생각해보자. 그게 과연 몸에 유익일까? 결국 먹지 못한 음식은 다 쓰레기가 되는 것이다.

생산자의 삶을 사는 사람이 따로 정해진 것이 아니다. 당신도 당신이 가진 노하우와 지금껏 생긴 지혜로 생산자의 삶을 살 수 있는 방법이 분명히 있다. 지금 당신의 인생이 누군가가 만들어놓은 것들만 향유하는 인생을 살고 있다면 남들의 우선순위에 맞춰서 살아가주는 꼴이 된다. 그러니 지금부터라도 나의 인생을 살아갈 우선순위를 알아보자. 시간은 정직하다. 내가 심은 대로 결과를 내놓는다. 어떠한 것들을 추수하는 사람이 되고 싶은가.

# 그럼에도 불구하고
# 당신은 결국 해내는
# 사람입니다

당신은 과정과 결과 중에 무엇이 더 중요하다고 생각하는가? 많은 사람들이 과정이 중요하다고 말한다. 과정이 멋지면 결과는 어떻든 괜찮은 것처럼 말이다. 하지만 나는 결과가 중요하다고 생각한다. 원하는 결과가 나오지 않으면, 과정은 빛도 보지 못한다. 물론 과정에서 얻은 경험과 교훈은 있겠지만 그 또한 다른 쪽으로라도 결과가 나왔을 때에 인정되는 것이다. 결과가 하나도 없는 상태에서 과정만 반복할 수는 없지 않은가.

냉정한 말일 수 있지만 당신이 원하는 목표를 이룬 결과가 있어야 한다. 그것이 작은 성취여도 상관없다. 성취를 느껴보지 못하고는 자아 존중감이 성장하기 어렵다. '나는 한다면 하는 사람이야.'라는 마인드가 있을 때 새로운 도전도 거침없이 할 수 있다. 하지만 낮은 자존감은 같은 일을 해도 소극적으로 하게 되고, 미리 안 될 걱정부터 하게 된다. '무조건 된다. 시간이 얼마나 걸릴지라도 무조건 되게 만든다.'라는 나의 내 목표의 끝을 확정 짓는 생각이 나를 그 끝에 도달하게 한다.

무언가 도전하려 할 때 시작점만 보고 있으니 막막한 것이다. 다 이루어낸, 내 모습이 생생하게 상상되어서 너무 기대되고, 기쁠 때에 시작점은 아무것도 아닌 일이 된다. 어차피 거쳐서 지나갈 별거 아닌 일이 될 수 있다. 이렇게 내 꿈의 행복한 끝을 설정하면 그 생각만으로도 기분이 좋다. 꿈을 이루는 과정에 무슨 일이 일어나도 결국엔 그 끝에 닿아 있을 거라는 확신이 드니까 마음의 동요가 있어도 빠르게 긍정을 선택할 수 있다.

그렇게 긍정적인 생각을 자주 하면, 말도 긍정적으로 나온다. 긍정적인 말을 자주 반복하는 동안 자신도 모르게 더 매력적인 자신이 된 것을 발견할 것이다. 나는 운전할 때마다 나는 "차선 운이 좋아.", "신호 운이 좋아.", "주차 운이 좋아."라고 조수석에 탄 사람한테 말한다.

나의 그런 말버릇이 정말 더 편한 주행과 주차를 할 수 있게 하고, 함께 동석한 사람도 신기해하며 "정말 그러네?"라고 동의한다. 그리고 이렇게 운이 좋다고 말하는 사람 곁에 있으니 자신도 덩달아 운이 좋아지는 거 같다고 말을 한다. 별거 아닌 말버릇으로 곁에 있는 사람의 기분을 좋게 해줄 수도 있다.

우리에게 뜻하지 않게 시련이 생길 때는 어떻게 생각하면 좋을까? 그건 내 꿈을 이루는 데에 꼭 필요한 필수 과목이라고 생각하면 마음이 편하다. 어차피 이 시련이 지나면 내 꿈은 이루어진다는 것이다. 내가 그 정도 시련은 능히 이겨낼 그릇이기 때문에 주어진 꿈을 이루기 테스트인 것이다.

마음이 힘든 일이 생긴다면 피하려고만 하지 말고 차라리 정면으로 맞닥뜨리는 것이 쉽고 빠르게 해결하는 방법이다. 쫄지 말고, 정공법으로 문제를 바라보면 의외로 쉽게 문제가 해결되는 것을 느낄 것이다.

목표를 이루는 과정에서 마음이 조급한 사람들이 있다. 마음이 조급한 건, 내가 원하는 타이밍에 이루지 못할까 봐 생기는 불안한 마음이다. 하지만 불안은 부정적인 마음이다.

부정적인 마음이 내면에 깔린 상태로 일을 하고, 사람을 만나면 분명 일을 그르치는 일이 생긴다. 여유가 없다는 것이 상대방에게 다 드러나고, 예민한 마음에 내게 들어온 복을 알아차리지 못하고 고슴도치처럼 있다가 복을 달아나게 할 수 있다.

긍정적인 마음 상태를 유지하고, 나의 꿈에 몰입하고 있으면 내 꿈을 이루어줄 힌트를 빠르게 캐치할 수 있다. 즉, 기회가 왔을 때 기회인 것을 바로 알아차리고 잡아버린다. 준비된 사람이 기회를 잡는다고 하는 말은 여기서 출발한다고 생각한다. 완벽할 때 기회를 잡을 수 있다는 것보다는, 꿈에 몰입되어 있는 사람이 준비된 사람이라고 생각한다.

왜냐하면 앞서 오드리 햅번의 예시에서 말했듯, 완벽한 상태에서 무언가를 하려다가 내게 온 기회를 다른 사람에게 넘겨줄 수도 있기 때문이다. 완벽이란 것의 기준이 모호하다. 그냥 부족하더라도 실행하면서 배우게 되는 힘이 있다. 인생은 이론이 아니라 실전이다.

5개의 질문을 해보고 싶다. 당신은 어디에 해당하는지 생각해보자.

○ 당신은 발전을 해야겠다는 생각조차 하지 않는 사람인가?
○ 당신은 발전을 하고 싶다는 생각만 하는 사람인가?
○ 당신은 발전을 위해 노력하는 사람인가?
○ 당신은 발전을 즐기고 있는 사람인가?
○ 당신은 발전을 누리고 있는 사람인가?

나는 발전을 즐기고 있고, 발전된 상태를 체감하며 행복함을 누리는 사람에 가깝다. 전에는 발전을 하고 싶다고만 생각하던 사람이었다. 그랬던 내가 빠른 속도로 성장할 수 있었던 이유는 내 꿈을 무조건 이루고야 말겠다는 강한 신념이 생겼기 때문이다.

이 신념은 시간이 없다고 입에 달고 살던 나를 변화하게 했다. 시간은 없는 게 아니라 만들 수 있다는 것을 알았다. 내가 하지 않아도 되는 것은 다른 사람에게 대가를 지불하고 위탁하면 된다. 업무는 시스템적으로 돌아갈 수 있는 부분들을 기획하면 된다. 그리고 의미 없이 들여다보던 SNS를 덜 보면 된다. 다른 사람의 인생을 들여다보느라 내 인생을 더 돌보지 못했던 과거를 반성한다.

신념은 세포 하나하나에 전달되고, 세포로 구성된 몸은 꿈을 이룰 수 있도록 세팅된다. 이 말이 이상하게 들릴 수도 있다. 하지만 스트레스를 자주 받는 사람일수록 암에 걸릴 확률이 높다는 건 누구나 잘 알고 있다. 그만큼 정신과 감정이 세포에 밀접한 관련이 있다. 그래서 긍정적이고 즐거운 기분을 자주 느끼는 사람일수록 병의 치유가 빠르다는 것도 의학적으로 검증되니 사실이다.

즉, 세포까지 확신이 전달될 만큼 강한 신념이 있다면 점점 더 목표를 이루기 위한 행동을 하게 만들고, 목표를 이루기 위한 아이디어와 기회에 촉을 세우게 만든다. 그리고 기회가 오면 주저하지 않고 YES를 외친다.

당신은 결국엔 목표를 이루어낼 것이다. 그 시간을 단축하는 방법은 나 자신을 완전히 믿어보는 것이다. 믿다 말다 하는 것이 아니라 무슨 일이 있더라도 자신을 믿어줘야 한다. 그리고 가슴 뛰게 꿈을 열망하길 바란다. 꿈을 생각하는 시간이 자주 있을수록 당신 것이 된다. 꿈이라고 하면서 그 꿈을 생각하다 말다, 며칠에 한 번씩 생각하는 것으로는 부족하다. 매일매일 매 순간 되새길 수 있도록 해야 한다.

주변에 당신의 꿈을 선포하라. 꿈을 이루는 방법은 어둠 속에서 몰래 준비하는 것이 아니다. 자주 말하고, 자주 생각하고, 자주 눈에 보이게 시각화하면 정말 놀랍도록 꿈을 이룰 수 있는 환경이 나에게 만들어진다. 내가 생각하지도 못한 방법들로 선물처럼 꿈의 힌트들이 생긴다. 그 힌트를 실행하며 삶을 재밌는 게임처럼 누리는 당신이 되었으면 좋겠다.

당신은 결국 해낼 사람입니다. 그리고 당신이 생각하는 것보다 더 크게 성공합니다.